GUIA PRÁCTICA.

INSTRUCCIÓN DE DILIGENCIAS DE PREVENCIÓN, ATESTADO.

POLICIA LOCAL.

Manuel Ocaña Alemany.

ISBN: B46186150. 9798378445394
N.º de registro: 2303313920279
Índice realizado por María Dalmau Monreal.
Edición de portada José Manuel Mesa Moreno.

DEDICATORIA

A las personas:
Que me enseñaron, de los que aprendí y me trasfirieron mi saber policial.
Que enseñé y transferí mi saber policial.
Que aman aprender y enseñar, compartir y vivir el saber policial.
Que visten y, sobre todo, sienten el uniforme como parte de su piel.

NOTA. - Estoy seguro, de que nada de lo que figure en esta guía básica les va a ser desconocido; por consiguiente, no tiene ni puede tener otra significación que una guía que nos ayude a redactar unas buenas diligencias de prevención que formen parte del atestado policial.

ii

ACTUACIONES POLICIALES DOCUMENTADAS. INTRUCCIÓN POLICIL EN EL PROCESO PENAL

INDICE-CONTENIDO

7. CONCEPTOS BÁSICOS. LA INSPECCIÓN OCULAR 105

AGRADECIMIENTOS

A mi familia, que me apoya y alienta en mi saber policial.
A los que han recorrido conmigo el camino policial. En el inicio con pocos medios, mucha ilusión, motivación y dedicación.
A los que me ayudaron y enseñaron a ayudar.
A las personas que me han motivado y me siguen motivando, en mi camino policial.
A mi alumnado, en estos más de veinte años dando clases en el IVASPE.
A mis maestros policiales.
A los que me lo pusieron difícil, puesto que me obligaron a aprender.

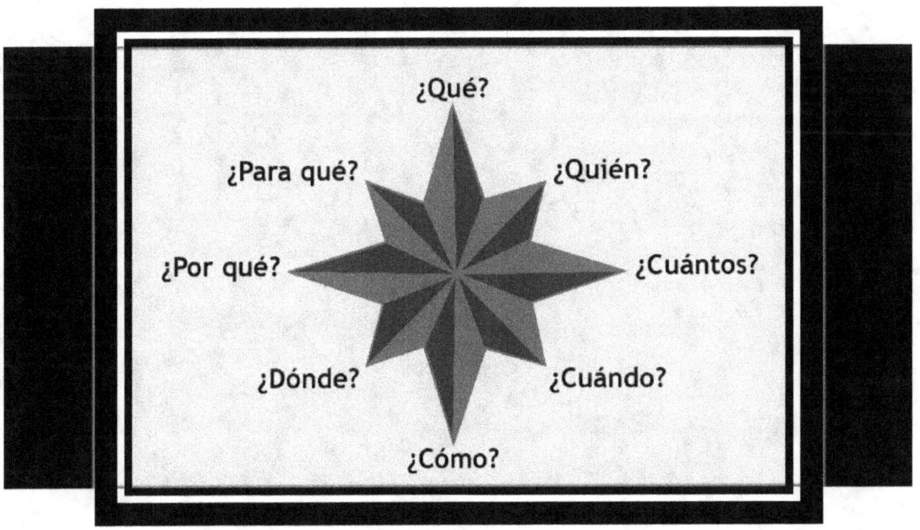
¿Qué?
¿Para qué?
¿Quién?
¿Por qué?
¿Cuántos?
¿Dónde?
¿Cuándo?
¿Cómo?

EL ATESTADO: CONCEPTO Y NATURALEZA JURÍDICA.

1. NOTITIA CRIMINIS. ARTÍCULO 383 LECRIM. REVELACIÓN DE LA COMISIÓN DE UN HECHO PRESUNTAMENTE DELICTIVO.

La doctrina reiterada en las SSTS 1488/2005 de 13-XII y 28-II-2007 que precisan que una confidencia a la policía no es una denuncia, pues esta requiere que se haga constar la identidad del denunciado, como exige el art. 268 LECrim, pero puede ser un medio de recepción de la "notitia criminis" que dé lugar a que la policía compruebe la realidad de la misma y como resultado de esa comprobación iniciar las actuaciones establecidas en los arts. 287 y sigs. LECrim elevándolas al órgano judicial competente.

Las solicitudes policiales, cuando no existe causa penal abierta, tienen el valor de denuncia y obligan a incoar las correspondientes diligencias judiciales. Si no fuera así sería la propia policía la que, prácticamente, decidiría una medida que limita un derecho fundamental (STS, 2.ª, 4-X-11, rec. 10 162/2011).

2. ETIMOLOGIA DE ATESTADO. DEFINICIONES BÁSICAS Y CONCEPTOS.

La etimología de atestado, procede del latín «attestatus» que significa testimonio o relación legítima de los hechos. Esta interpretación gramatical es más bien incompleta ya que el atestado no se refiere únicamente a un testimonio y la legitimidad a que se refiere, puede proceder no solo de la fuente sino también de la noticia.

Se puede definir atestado como el conjunto escrito de actuaciones preprocesales, o diligencias, que la Policía Judicial (genérica) desarrollan tras el conocimiento de un hecho que pueda revestir caracteres de delito, para la averiguación del mismo.

De igual forma, otros autores, lo definen como documento oficial, instruido por la Policía Judicial (genérica), en el que se recogen cronológicamente todas las diligencias practicadas para la comprobación y averiguación de hechos que revisten los caracteres de delito y de sus responsables.

Ambas definiciones son plenamente compatibles, no siendo una más conceptual que otra.

En la actualidad es necesaria la ratificación del atestado para que alcance valor de prueba, si bien las declaraciones en sede policial no tienen valor probatorio conforme al último Acuerdo del Pleno No Jurisdiccional de la Sala Segunda del Alto Tribunal del año 2015 y a su Sentencia 141/2016 de 21 de febrero, y tampoco puede traerse su contenido incriminatorio al juicio a partir de las declaraciones de los funcionarios policiales.

La Ley de Enjuiciamiento Criminal (en adelante LeCrim), al referirse a las diligencias que realiza la Policía judicial en orden a la comprobación del delito, su investigación y averiguación de los responsables, proporciona apoyo legal a tal denominación, empleando indistintamente los términos «atestado» y «diligencias de prevención», si bien no lo define.

2.1.   DILIGENCIAS DE PREVENCIÓN.

Por diligencias policiales de prevención cabe entender los actos instructorios que, como consecuencia de la sospecha de la comisión de un delito público, ha de practicar urgentemente la policía y trasladarlas ante la autoridad judicial a fin de que decida la incoación, en su caso, de la instrucción.

NOTA. Por tanto, las diligencias de prevención son aquellas diligencias que componen el atestado como un único cuerpo diligencial.

Desde la perspectiva de la policía local, la Ley Orgánica 2/1986, de 13 marzo, de Fuerzas y Cuerpos de Seguridad en su artículo 53.1 dice "los Cuerpos de Policía Local deberán ejercer las siguientes funciones apartado", concreta en apartado g) "efectuar diligencias de prevención y cuantas actuaciones tiendan a evitar la comisión de actos delictivos en el marco de colaboración establecido en las Juntas de Seguridad".

2.2.   SUJETOS DEL ATESTADO.

- **SUJETO ACTIVO:** Es el Instructor del atestado, la persona que físicamente lo realiza y dirige (funcionario de la P.L.). Va auxiliado por la figura del secretario (otro P.L.), siempre de inferior categoría o antigüedad.

- **SUJETO PASIVO:** Son todas las personas intervinientes en el atestado: denunciantes, testigos, peritos, funcionarios, etc.

3. NATURALEZA JURIDICA. RESUMEN DE CONCEPTOS. CONCEPTOS BÁSICOS.

Antes de entrar en otras definiciones tendremos en cuenta la natural jurídica del atestado. Por ello, presenta las siguientes características:

- **ES UN ACTO PROCESAL Y NO JUDICIAL:** Entendiendo como acto procesal el suceso o acontecimiento caracterizado por la intervención de la voluntad humana, en virtud de la cual se va a modificar o extinguir alguno de los vínculos que componen la relación jurídico-procesal.

  La nota característica del acto procesal es que tiene que tener una influencia directa e inmediata en el proceso, connotación que caracteriza al atestado como acto de iniciación de la investigación policial. Sin embargo, no tiene carácter judicial y así se expresa en la STS de 26 de octubre de 1994: «el atestado aun incorporado al proceso, no tiene carácter judicial, pero las pruebas directas objetivas irrepetibles tienen valor convictico per se, como sucede con el hallazgo de cadáveres o lesionados, huellas, etc. Dicho carácter denunciativo y no judicial no quiere decir que no tenga existencia procesal alguna.

- **ES UN DOCUMENTO PÚBLICO:** En el atestado concurren los elementos definitorios del documento público recogidos en el artículo 1.216 del Código Civil; a saber: autorizado o extendido por funcionario público competente (los miembros de la Policía judicial están legitimados por la LeCrim. para la confección y redacción de los mismos) y, con las solemnidades requeridas por la Ley (el art. 596.3 de la Ley de Enjuiciamiento Civil, reconoce como documento público «los documentos emitidos por los funcionarios públicos que estén autorizados para ello en lo que se refiera al ejercicio de sus funciones»).

- **DOCUMENTO DE CARÁCTER SECRETO**: Así, la LeCrim. regula el secreto sumarial en varios de sus artículos —extrapolables en cierta medida al atestado—, destacándose lo establecido en el artículo 301 según el cual «las diligencias del sumario serán reservadas y no tendrán carácter público hasta que se abra el juicio oral, con las excepciones determinadas en la presente Ley».

Un resumen de los conceptos del entorno al atestado, podrían ser:

- **NOTTIA CRIMINIS**. Revelación de la comisión de un hecho presuntamente delictivo.
- **TESTIMONIO** o relación legítima de los hechos.
- **PROCEDENCIA**. Puede proceder no solo de la fuente sino también de la noticia.
- **SE DESARROLLAN** tras el conocimiento de un hecho que pueda revestir caracteres de delito.
- **OBJETIVO** la averiguación del mismo (del delito y su resultado).
- **CONJUNTO ESCRITO** de actuaciones preprocesales, o diligencias.
- **INSTRUIDO** por la policía judicial (genérica)
- **RECOGEN CRONOLÓGICAMENTE** las diligencias practicadas para la comprobación y averiguación de hechos que revisten los caracteres de delito y de sus responsables.

El atestado, desde un punto de vista policial, conceptúa:

- **DOCUMENTO ADMINISTRATIVO**, que se convierte en judicial cuando forma parte del proceso penal.
- **ACTO PROCESAL Y NO JUDICIAL**: Entendiendo como acto procesal el suceso o acontecimiento caracterizado por la intervención de la voluntad humana, en virtud de la cual se va a modificar o extinguir alguno de los vínculos que componen la relación jurídico-procesal
- **RECOPILACIÓN** de hechos susceptible de delito.
- **FORMADO** por un cuerpo diligencial (una o varias diligencias que

forman un atestado).

- **RECOGIDAS** en espacio, tiempo de forma cronológica.
- **PRACTICADO** de oficio o a instancia de parte.
- **CUYO DESTINO**, único, es la autoridad judicial.
- **REVESTIDO** de las garantías del secreto profesional

Desde una visión prejudicial, conceptúa como:

- **CONJUNTO** actuaciones policiales previas a las judiciales para la averiguación de los hechos.
- **REQUISITOS** en la instrucción de la secretaría de estado.
- **SU FORMA** se regula en los art. 292 y ss. LeCrim.
- **EL VALOR** procesal del atestado es de mera denuncia.
- Debe ser **RATIFICADO Y REITERADO** en el acto del juicio oral.
- **DETENIDO** tiene derecho a acceder a los elementos de las actuaciones que sean esenciales para impugnar la legalidad de la detención o privación de libertad (art. 520. 2.d LeCrim)

4. POLICIA LOCAL COMO POLICÍA JUDICIAL, GENÉRICA. (ARTÍCULO 283). OBLIGACION LEGAL.

El art. 126 de la Constitución dice así: la Policía Judicial depende de los Jueces, de los Tribunales y del Ministerio Fiscal en sus funciones de averiguación del delito y descubrimiento y aseguramiento del delincuente, en los términos que la ley establezca.

Para poder conceptuar a la policía local como policía judicial, genérica, debemos ver lo establecido en el artículo 283 de la LeCrim, que establece que constituirán la Policía Judicial y serán auxiliares de los Jueces y Tribunales competentes en materia penal y del Ministerio Fiscal, quedando obligados a seguir las instrucciones que de aquellas autoridades reciban a efectos de la investigación de los delitos y persecución de los delincuentes: 5.º Los Serenos, Celadores y cualesquiera otros AGENTES MUNICIPALES DE POLICÍA URBANA o rural.

4.1. OBLIGACIÓN LEGAL (ARTÍCULO 282 LECRIM).

La policía judicial deberá practicar las diligencias necesarias para la comprobación y descubrimiento de los delincuentes, así como la recogida de efectos, instrumentos o pruebas del delito de cuya desaparición hubiese peligro, poniéndolos a disposición de la autoridad judicial.

5.   LA ELABORACIÓN DEL ATESTADO POLICIAL.

Para la elaboración de las diligencias que conforman el atestado se seguirán los criterios establecidos en la legislación procesal y penal vigente, de acuerdo con los determinados, a su vez, por la Comisión Nacional de Coordinación de la Policía Judicial.

La elaboración del atestado policial la realizan dos personas, funcionariado policial, siendo el Instructor y el secretario:

INSTRUCTOR/A:
- Ejerce la dirección técnica.
- Ordena la práctica de las diferentes diligencias (toma de declaración, práctica de reconocimiento, …)

SECRETARIO/A:
- Se ocupa de la confección práctica de los documentos.
- Interviene en todas las diligencias y las firma.
- Realiza aquellas de mero trámite o las ordenadas por el Instructor/a.

AMBOS: Investidos de autoridad legal para dar fe del contenido del atestado y para trasmitir finalmente las actuaciones que realicen a la autoridad judicial correspondiente

El artículo 292 LeCrim establece en relación al atestado:

- **CONFECCIÓN** por funcionarios de Policía judicial (genérico).
- **EXTENDER**, bien en papel sellado, bien en papel común las Diligencias que practiquen.
- **ESPECIFICAR**: con exactitud los hechos averiguados, declaraciones e informes recibidos y las circunstancias que hubiesen observado y pudiesen ser prueba o indicio del delito.
- **SE REMITIRÁ**: con el atestado un informe dando cuenta de las

detenciones anteriores y de la existencia de requisitorias para su llamamiento y busca cuando así conste en sus bases de datos (diligencia de antecedentes).

Las diligencias podrán ser:

- **SUBJETIVAS**: Declaraciones de afectados, víctimas, testigos e imputado, detenido o no.
- **OBJETIVAS**: Entrada y registro en lugar cerrado, la aprehensión de objetos, efectos o instrumentos del delito y las tendentes a asegurar y fijar los elementos que se erijan en fuente de prueba, etc.

En el procedimiento por delito es preceptiva la incorporación en las actuaciones del ofrecimiento de acciones, la información de derechos a las partes, o, singularmente las citaciones, que eran más bien propiamente tareas judiciales.

El inicio por atestado. A pesar del escaso tratamiento que la LECrim hace del atestado policial, se puede afirmar que la mayoría de los procesos penales se inician mediante el atestado, siendo un requisito imprescindible en el caso de juicios rápidos por delito o los juicios inmediatos por delito leve.

6. OBJETO Y REQUISITOS DEL ATESTADO.

El objeto del atestado es cualquier infracción penal, ya se trate de delitos graves, menos graves o leves (antiguas faltas penales). No sólo los hechos que den lugar a delitos públicos o semipúblicos, sino también las conductas que constituyen delitos privados cuando hay requerimiento de parte legítima (muy excepcional).

Adquiere un especial protagonismo en los casos de enjuiciamiento rápido por delito, Juicio Rápido con Detenido (JRD) y Juicio Rápido Sin Detenido (JRSD) y enjuiciamiento inmediato de delitos leves (JIDL).

Los requisitos del atestado son los requisitos de lugar y requisito de tiempo.

6.1. REQUISITOS DE LUGAR.

- **NO EXISTE LUGAR PREDETERMINADO**: La LECrim, no

especifica el lugar o dependencia en que deban realizarse las actuaciones policiales plasmadas en un atestado.

- **DEPENDENCIAS POLICIALES**: Son los lugares donde se lleva a cabo la redacción de los atestados, de manera general.

- **PRACTICA EN EL LUGAR**: Determinadas diligencias deberán realizarse en el lugar de los hechos, (actas de entrada y registro, de inspección ocular, de reconstrucción de los hechos, de aprehensión de efectos, etc.).

- **EN OTRAS DEPENDENCIAS**: En ocasiones alguna/as diligencia/s deben extenderse fuera de las dependencias policiales, como es el caso de las declaraciones del detenido o de testigos cuando se encuentran ingresados en un hospital o no puedan salir de su domicilio por problemas de movilidad, o internos de un Centro penitenciario, etc.

6.2. REQUISITOS DE TIEMPO.

El art 295 LECrim dispone "en ningún caso los funcionarios de Policía Judicial podrán dejar transcurrir más de VEINTICUATRO HORAS sin dar conocimiento a la autoridad judicial o al Ministerio Fiscal de las diligencias que hubieran practicado, salvo en los supuestos de fuerza mayor y en el previsto en el apartado 2 del art. 284"

7. CONOCIMIENTO Y REMISION. DIFERENCIAS. CARENCIA DE AUTOR CONOCIDO.

No hay que confundir "dar conocimiento a la autoridad judicial, con remisión del atestado. No confundir "dar conocimiento" de las diligencias (debe ser inmediatamente o en el plazo de 24 horas) con "remisión" del atestado. Ni "remisión" del atestado con la "terminación" total de las diligencias que se estén practicando, ya que remitido éste, cabría realizar tantos atestados ampliatorios como fueren convenientes.

En la práctica, el conocimiento judicial. El art 284 LECrim indica que inmediatamente los funcionarios de Policía judicial tengan conocimiento de un delito público, o sean requeridos para prevenir la instrucción de diligencias por razón de algún delito privado, lo participarán a la Autoridad judicial - mediante el traslado del atestado normalmente, sus piezas y detenidos, y a veces aunque pendan diligencias de menor grado de necesidad de aseguramiento- o al representante del Ministerio Fiscal, si pudiesen hacerlo sin cesar en la práctica de las diligencias de prevención.

7.1.   NO AUTOR CONOCIDO.

Hay que tener en cuenta que, cuando no existiera autor conocido. 284.2 LeCrim, el atestado será conservado por la Policía judicial y no lo remitirá a la autoridad judicial. Estará a disposición del Ministerio Fiscal como del Juez por si éstos los reclamaran, comunicándoselo a la víctima cuando, transcurridas 72 horas, el autor no hubiera podido ser identificado.

El atestado será remitido a la autoridad judicial y al ministerio fiscal, aun cuando no fuera conocido el autor del delito, cuando (art. 284.2 LECRIM):

- Se trate de delitos contra la vida, contra la integridad física, contra la libertad e indemnidad sexuales o de delitos relacionados con la corrupción.
- Se practique cualquier diligencia después de transcurridas setenta y dos horas desde la apertura del atestado y éstas hayan tenido algún resultado.
- El Ministerio Fiscal o la autoridad judicial soliciten la remisión.

En el caso de atestado por juicio rápido (JRD y JRSD), el artículo 796 LECrim contempla la posibilidad de dejar abierto un atestada hasta 5 días.

Cuando la Policía Judicial tuviera conocimiento de la comisión de un hecho incardinable en alguna de las circunstancias previstas en el apartado 1 del artículo 795, respecto del cual, no habiendo sido detenido ni localizado el presunto responsable, fuera no obstante previsible su rápida identificación y localización, continuará las investigaciones iniciadas, que se harán constar en un único atestado, el cual se remitirá al juzgado de guardia tan pronto como el presunto responsable sea detenido o citado de acuerdo con lo previsto en los apartados anteriores, y en cualquier caso, dentro de los cinco días siguientes. En estos casos la instrucción de la causa corresponderá en exclusiva al juzgado de guardia que haya recibido el atestado.

8.   DILIGENCIAS   POR   ORDEN/   REQUERIMIENTO

AUTORIDAD JUDICIAL O MINISTERIO FISCAL (ARTÍCULO 296 LECRIM).

Cuando hubiesen practicado, diligencias por orden/ requerimiento autoridad judicial o ministerio fiscal, comunicarán el resultado obtenido en los plazos que en la orden o en el requerimiento se hubiesen fijado. Es lo que corrientemente se llaman diligencias ampliatorias del atestado. Si lo amplían, pero por incidencias conocidas por la propia Policía, sin intervención judicial, las diligencias que las reflejan se conocen como referentes (ampliatorias).

9. CONTENIDO DEL ATESTADO. PUEDE CONTENER.

El contenido del **ATESTADO**, puede ser:

- **DENUNCIAS**, generalmente los inician.
- **OBJETOS DE PRUEBA**: con la determinación de posibles fuentes de prueba, que luego ser desarrolladas en el proceso penal.
- **PRUEBAS ANTICIPADAS/PRECUSTITUIDAS SI SON IRREPETIBLES**, ya que, si no las que se actúen se configuran como meros indicios a comprobar y constatar en la instrucción o en el mismo juicio oral.

9.1. PRUEBAS PRECUSTITUIDAS.

Son aquellas cuya imposibilidad de ser reproducido en juicio oral. Un ejemplo sería la autopsia a un cadáver, es la prueba preconstituida por antonomasia porque es imposible que se pueda representar ante sus señorías meses más tarde. Otro ejemplo (en el atestado). la entrada y registro en domicilio, la inspección ocular, la identificación del acusado en rueda de reconocimiento y las intervenciones telefónicas y de las comunicaciones, en general.

Lo esencial para que estas diligencias puedan tener valor después, cuando se presenten en forma de documentos oficiales, es que se hayan celebrado con las debidas garantías para la defensa del imputado y que hayan estado sometidas al necesario control judicial.

También pueden contener:

- **APREHENSIONES** de objetos, instrumentos, documentos y efectos delictivos.

- **MEDIDAS CAUTELARES** como detención de sospechosos, o sujeciones de bienes para responder de responsabilidades civiles o comisos, al igual que en los casos anteriores, para ser puestos a disposición judicial.

- **DILIGENCIAS DE CONSTANCIA** que reflejan actos que, sin ser propios de la investigación, adjetivamente la cumplimentan, narrando incidencias importantes acaecidas durante la misma (cambios de instructor, asistencia médica al detenido, reflejo de llamada al Letrado de oficio, etc.).

- **DILIGENCIAS DE INFORME**, en las que se constatan extremos necesarios para ayudar a la llevanza judicial de la causa, como son los antecedentes policiales del investigado, la situación administrativa sobre la regularidad o no de su estancia en el territorio nacional, caso de ser extranjero, los antecedentes por violencia de género, etc.

10. DILIGENCIAS QUE INTEGRAN EL ATESTADO POLICIAL.

Son las diligencias que integran el atestado policial: Diligencia inicial, Diligencias de investigación. Diligencias de trámite y Diligencia de remisión
La **DILIGENCIA INICIAL**, son aquellas que dan comienzo al atestado.

Destacar:

- **DA COMIENZO AL ATESTADO.**

- **RECOGE LOS PRIMEROS INDICIOS** de la comisión de un hecho delictivo, siendo origen y fundamento de las posteriores.

- **PUEDEN INICIARSE POR COMPARECENCIA,** (particular denunciante o miembro de la Policía Judicial).

- Deberá **CONTENER LOS DATOS DE IDENTIFICACIÓN DE LA ACTUACIÓN**: lugar; hora; fecha; dependencia policial; funcionarios actuantes; efectos que se entregan y; detenidos que se presentan (comparecen, presentan, hacen entrega y manifiestan).

- **IDENTIFICARÁ A LOS COMPARECIENTES** con su filiación completa si fueren particulares, y con los carnés profesionales si fuesen miembros de los cuerpos de Seguridad.

- **PODRÁ INICIARSE** el atestado mediante **DILIGENCIA INICIAL** motivada, que lo puede ser por orden de la Autoridad Judicial, jefe de la dependencia, llamada telefónica, investigación propia, exposición de hechos o ampliatoria de otras diligencias anteriores.

Las **DILIGENCIAS DE INVESTIGACIÓN** son aquellas que, junto con las de trámite, forman el cuerpo del atestado, destacando:

- **SE PLASMA LA LABOR POLICIAL** en orden a la comprobación y esclarecimiento del hecho delictivo.
- **DIVERSAS.** Pueden ser de muy diversas clases, tales como declaraciones, reconocimientos fotográficos o en rueda, inspecciones oculares, etc.

Las **DILIGENCIAS DE TRÁMITE** son de contenido administrativo o burocrático, destacando que:

- **NEXO UNIÓN.** Sirven como nexo de unión para coordinar y estructurar al resto de las diligencias del atestado.
- **DESTACAR.** Entre ellas se encuentran la diligencia de información de derechos al detenido o al perjudicado, la de comunicación al Colegio de Abogados o la de antecedentes.

La **DILIGENCIA DE REMISIÓN** es la última diligencia del atestado, destacando que:

- **RESUMEN.** Contiene resumen de todas las demás.
- **GUIA.** Sirve al Juzgado para tomar conocimiento de las mismas.
- **FIGURAN.** En el contenido deberá figurar: hora y fecha de terminación; folios de que consta; autoridad a la que se remite; detenidos que son pasados a disposición judicial o bien estado en el que quedan (libertad); efectos, instrumentos o pruebas del delito que se hayan intervenido; cualquiera otra circunstancia de interés que se quiera hacer constar; y copias remitidas a otras autoridades judiciales, departamentos policiales o Ministerio.

11. LAS ACTAS.

Las actas representan la materialización de un acto aislado de los demás que se han podido realizar con motivo de las diligencias policiales, a las cuales se unirán posteriormente. Se diferencia, del resto de las diligencias, en que mientras éstas tienen vida dentro del cuerpo del atestado, plasmadas cronológicamente. el acta tiene vida independiente y se unen al cuerpo diligencial o atestado (antes de la de remisión).

Existen numerosas clases, destacar; toman el nombre en función de su contenido, como más habituales la de entrada y registro, declaración del detenido, testigo o víctima, inspección ocular, incautación de efectos, identificación y reconocimiento fotográfico o en rueda.

12. REGLAS PRÁCTICAS PARA LA ELABORACIÓN DEL ATESTADO.

Es importante recordar que un atestado deficientemente redactado complica más tarde la actuación de la fiscalía, las partes y del propio juez. Por tanto, la labor policial queda desvirtuada y los hechos difuminados en una realidad que no se ha Sabido plasma en el ATESTADO.

Existe un lenguaje específico del atestado, por tanto, hay que tener en cuenta a la hora de redacción:

- **LEGUAJE**: Existe un lenguaje específico policial, jurídico administrative.
- **DIVISIÓN DEL ATESTADO**. se divide en actos de investigación y actos de constatación.
- **NARRACIÓN**: Se combinan funciones comunicativas de narración y de descripción.
- **CLARO Y SUCINTO**. Constatación, narrar los hechos sucintamente.
- **SIN ELEMENTOS SUBJETIVOS**. Por cuanto éstos son susceptibles de incorporar valoraciones subjetivas que no han de tener cabida en dichos actos, al ser en ellos precisa la máxima objetividad
- **CUERPO DILIGENCIAL**. -Constelación de diligencias, actas e informes, se perfila como un mosaico, un gran relato caracterizado

por su fragmentación.

- **PLANO PRESENTE SE MIRA AL PASADO**. -Las sucesivas diligencias disponen un doble plano, desde el plano del presente se mira el plano del pasado, pero un pasado inmediato, que se quiere simultáneo, donde todo acaece como una periferia que acude a un mismo tiempo hacia ese centro.

- **FIJACIÓN TEMPORAL** de la sucesión de actos llega a la mención omnipresente de hora, día y fecha en que se produce cada diligencia.

- **IMPERSONALIZACIÓN Y APARIENCIA DE OBJETIVIDAD.** Evitar juicios de valor tanto a la persona como del concepto del que se instruye.

- **USO FRECUENTE DE LA VOZ PASIVA** (EJEMPLO: es informado de las causas determinantes de su detención y de los derechos constitucionales que le asisten).

- **PASIVA REFLEJA:** Su permanente empleo (EJEMPLO; se desarrollan, se extiende, se dan inicio las actuaciones, las investigaciones que se verifican en esta Unidad).

- **ESCRIBIR EN TERCERA PERSONA:** El uso de la tercera persona en el relato (EJEMPLO: el Instructor que suscribe ordena).

- **FORMAS ABRUPTAS POR ELISIÓN** (EJEMPLO: ordena se practiquen las siguientes diligencias: se cite..., se verifique..., se participe...).

- **SUSTITUCIÓN:** Sustitución de nociones verbales por construcciones verbo + sustantivo (EJEMPLO: tener conocimiento, venir en conocimiento, en lugar de conocer, nominalización que sirve para dotar de un carácter abstracto, propio de un razonamiento.

- **USO DEL PLURAL:** La aparición del plural, que persigue la impersonalización, cuando no el tono aséptico del acto policial (EJEMPLO: dependencias policiales, terminales informáticos, dependencias del Juzgado).

- **USO CONECTORES:** El uso frecuente de conectores argumentativos, que establecen conclusión, deducción o cierre (EJEMPLO: por todo lo cual, de este modo, por ello).

- **EMPLEO DE ORACIONES SUBORDINADAS FINALES Y ADVERBIOS ANTEPUESTOS:** Las diligencias que solicitan intervenciones que pueden vulnerar derechos fundamentales, como la entrada y registro en domicilio, o la intervención de las comunicaciones, al estar vinculadas a un mandamiento judicial previo que conceda dichos actos de averiguación, acuden al empleo de oraciones subordinadas finales (EJEMPLO: para que, al objeto de, a fin de que) y su motivación viene reforzada con adverbios en -mente, que se anteponen para intensificar el sintagma (EJEMPLO: considerándose absolutamente necesario).

- **EL USO ANAFÓRICO**, en aras a la precisión de las diligencias del atestado (EJEMPLO: del mismo, reseñado anteriormente, antes citado, del antedicho).

- **ACUMULACIÓN DE LOCUCIONES PREPOSITIVAS Y ADVERBIALES** (EJEMPLO: a efectos de constancia, de conformidad con, a instancias del Instructor). × USO DEL PASADO: Las diligencias de informe, que relatan investigaciones, al recoger pruebas y valoraciones de lo acaecido, se suelen redactar en las formas gramaticales de pasado, acudiendo al estilo indirecto si se remiten a declaraciones.

- **LAS INTERROGATORIAS**: se redactan en tercera persona, usando el estilo indirecto. Las preguntas son señaladas e introducidas por un participio (preguntado) y las respuestas con la fórmula "manifiesta"; ambas, debidamente destacadas, son clichés o fórmulas con función demarcativa, que persiguen objetividad y veracidad.

12.1. USOS DE LA PRÁCTICA POLICIAL SOBRE CONFECCIÓN DE ATESTADOS.

Hay que tener en cuenta los usos de la práctica policial sobre confección de atestados. Puede haber una diferencia entre los integrantes del mismo, así como de conceptos iguales pero diferenciados, por ello existen conceptos que se tienen que tener claros como:

- **UNIDAD INSTRUCTORA**. - Quien redacta. Equipo instructor (instructor y secretario).

- **UNIDAD ACTUANTE**. - Quien actúa.

- **UNIDAD QUE ATESTIGUA**. - Aquellos policías que están en la escena del hecho, lo han visto pero no actúan directamente. **Ejemplo**; caso de atentado agente, serán los que lo ven, pero no participan directamente, se les tomará diligencia aparte del resto con su testimonio específico.

- **DESCRIPCIÓN DE HECHOS**: Es preciso (momento de los hechos) los agentes describan, de manera minuciosa lo que presencian, intentando trasladar la mayor información posible sobre lo ocurrido, a quien más tarde va a examinarlo.

- **NÓTESE** que, aunque más tarde puedan ser citados a declarar los agentes a fin de ratificarse en el informe la presentación del atestado en el juzgado ya delimita de forma directa lo que ha ocurrido y contra quien o quienes se puede ejercitar la acción penal.

- **UNA MALA REDACCION** produce la impunidad del hecho y del autor.

- **EVITAR EXPRESIONES COMO**: actitud sospechosa, informaciones recibidas, persona sospechosa etc.

- **ES PRECISO AJUSTARSE A LO QUE SE VE O PERCIBE**, pero nunca hacer conjeturas o suposiciones

Para la elaboración, debemos tener en cuenta **TRES FUENTES:**

- La Ley (normative legislative o cuerpo legal).

- Circulares e Instrucciones del cuerpo de seguridad así como Circulares e Instrucciones de la autoridad judicial

- La práctica policial, en todo aquello que no esté contemplado por normas legales o reglamentarias.

13. REGLAS DE FONDO Y FORMA PARA LA ELABORACIÓN DEL ATESTADO.

13.1. REGLAS DE FONDO.

Para la elaboración del atestado existen unas reglas de fondo, de las que destacaremos:

- **CONTENDRÁ** todas las diligencias practicadas.

- **DECLARACIONES E INFORMES RECIBIDOS** y anotando todas las circunstancias observadas.

- **SERA COMPLETO**. Si por alguna circunstancia no pudiera materializarse alguna o algunas diligencias, se tramitará atestado ampliatorio (diligencias ampliatorias, tantas como sean necesarias).

- **NO DEBERÁN EMITIRSE JUICIOS DE VALOR**. Será el juez

quien juzgue, no la Policía Judicial.

- **DEBE LIMITARSE A RECOGER OBJETIVAMENTE LOS HECHOS**, evitando las valoraciones personales.
- **NO SE DEBEN CALIFICAR LOS HECHOS**, con la excepción de los atestados por Juicio Rápido (JRD, JRSD, JIDL), sin perjuicio de la obligación de informar al detenido de los hechos que se le imputan y de los motivos de su detención
- **DEMOSTRAR LOS HECHOS QUE SE DESCRIBEN**, siempre que ello sea posible, insertando para ello todo lo que pueda llevar a su demostración, como fotografías, vídeos, fotogramas de cámaras de seguridad, documentos, facturas, fotocopias, etc.
- La LECrim indica en el art. 295 que, en ningún caso, salvo fuerza mayor, la Policía Judicial **DEJARÁ TRANSCURRIR MÁS DE VEINTICUATRO HORAS SIN DAR CUENTA** a la Autoridad Judicial o al Ministerio Fiscal de las diligencias que practiquen (sin perjuicio de lo dispuesto en el artículo 796 LECrim).

Existen otras reglas de fondo, para confeccionar un atestado, destacaremos:

- **ELABORADO POR POLICÍA JUDICIAL** (entendida ésta en sentido amplio).
- **ESCRITO, CON UNA NARRACIÓN SINTÉTICA Y PRECISA**, párrafos cortos y sin omitir detalles que puedan servir para la calificación de los hechos.
- **EVITAR ABREVIATURAS.** Salvo que sean conocidos, ejemplo LeCrim.
- **IDENTIFICACION DE ENCARTADOS/IMPLICADOS.** Se escribirán los apellidos con mayúsculas y el nombre en minúsculas.
- **IDENTIFICACION DE POLICIAS:** La identificación de los funcionarios de los Cuerpos de Seguridad se hará mediante categoría acompañada de su número de carné profesional.

13.2.   REGLAS DE FORMA.

Existen unas reglas de forma para la confección del atestado, destacar:

- **RESPETAR LOS MÁRGENES**, ya que hay que insertar sellos y rúbricas y posteriormente se incorporará a un legajo judicial.

- **PARTE DERECHA** se dejará alrededor de un centímetro
- **PARTE IZQUIERDA** dejaremos aproximadamente la cuarta parte de la anchura del folio.
- **FOLIOS NUMERADOS** en su parte superior, comenzando desde el segundo, numerándolo con el dos, y así sucesivamente.
- **TODOS LOS FOLIOS** llevarán en el anverso y a lo largo del margen izquierdo la rúbrica, así como el sello de la dependencia.
- **SERÁN REGISTRADOS** de salida. Se le asignará un registro de la referencia de la dependencia policial donde parte, número identificar ante la autoridad judicial, ejemplo número/año (123/2023).
- **NÚMERO (TANTO DE REGISTRO COMO DE FÓLIO).** En todos los folios y parte superior.
- **SE DEJARÁ ESPACIO EN BLANCO**, entre diligencias para las firmas correspondientes.
- **EL SECRETARIO EN EL CENTRO,** firmará todas y cada una de las diligencias.
- **EL INSTRUCTOR LADO IZQUIERDO**, firmará todas, excepto las de trámite.
- **RESTO IMPLICADOS. LADO DERECHO,** firmarán aquellas diligencias en las que participen. Los presentes, peritos, testigos y actuantes han de ser invitados a firmar el atestado.
- **SI NO FIRMAREN,** se explicará el motivo de la negativa mediante una diligencia al efecto (detenido debe motivarse).
- **CONTINUACION DILIGENCIA EN FOLIO**. El final de hoja cuando se acabe de escribir y si no se ha terminado la diligencia, se escribirán señales de continuación de escritura: …//…
- En el caso de terminar el lado de un folio habiendo acabado la diligencia que nos ocupa, pero no el atestado, al final de esta cara se escribe parte del título de la diligencia siguiente y de señales de continuación de escritura; al principio de la otra cara se comienza con estas señales, seguidas del resto de la diligencia. Ej: DECLA…//… y al principio de la siguiente cara: …//… RACIÓN DE (nombre de testigo).
- **ENTREGA DE COPIA**, de lo manifestado / no atestiguado.

14. DE LA COMPROBACIÓN DEL DELITO.

Las primeras diligencias a realizar, con preferencia a cuáles quiera otras, serán las relativas a la comprobación del hecho y al cuerpo del delito (art 366 LECrim), por lo que, además, se tendrá en cuenta:

- **SI EL HECHO ES MANIFIESTAMENTE FALSO O NO CONSTITUYE DELITO**. Absteniéndose de todo procedimiento (desde el punto de vista penal).
- **OBLIGACIÓN** de todos los que la componen la Policía Judicial se recoge como.
- **COMPROBAR**. 282 LECrim "practicar, según sus atribuciones, las diligencias necesarias para comprobarlos (...) observando las formalidades legales y absteniéndose de utilizar medios de averiguación que la Ley no autorice".

15. CONCEPTOS FUNDAMENTALES ATESTADO.

Los conceptos básicos a tener en cuenta en un atestado, son:

- **CUERPO DILIGENCIAL**: Documento que recoge todas las diligencias practicadas por la Policía Judicial para averiguar el delito y descubrir a los responsables.
- **TRIPLE VALOR**: procesal, de denuncia, dictamen pericial y prueba.
- **SU OBJETO:** Es cualquier infracción penal, ya se trate de delitos graves, menos graves o leves
- **PLAZO COMUNICACIÓN JUDICIAL:** En un plazo máximo de veinticuatro horas (24 h) deberá comunicarse a la Autoridad Judicial o al Ministerio Fiscal la práctica de diligencias. Eso no significa que el atestado deba ser remitido en ese plazo.
- **CLASIFICACIÓN**: Las diligencias que integran el atestado, se pueden clasificar en cuatro grupos: diligencia de inicial; diligencias de investigación; diligencias de trámite y; diligencia de remisión.

2
COMPARECENCIAS. DILIGENCIAS DE INICIACIÓN MOTIVADAS

1. DILIGENCIA DE INICIO.

Existen cuatro clases de diligencias: inicial, de investigación, de trámite y de remisión. de ellas nos centramos en la diligencia inicial. Destacan sus características:

- **RELEVANCIA.** Especial relevancia, dentro del atestado.
- **CONTIENEN.** Se recogen y describen los hechos presuntamente delictivos.
- **MOTIVA** la investigación policial.
- **PRIVACION DE LIBERTAD.** Puede suponer, en ocasiones, la detención de alguna persona como posible responsable de estos.
- **RELEVANCIA.** Son especialmente importantes las comparecencias funcionarios policiales y de particulares.

2. COMPARECENCIA. TIPOS DE COMPARECENCIA.

La comparecencia es la personación de una parte en un proceso. Esta definición, aplicada al ámbito policial y como parte de un atestado, adquiere gran importancia; y ello por cuanto en muchas ocasiones, es el catalizador, impulso o inicio del mismo; y el propio atestado puede, en multitud de ocasiones, iniciar un procedimiento penal. Por su parte el atestado equivale a una denuncia conforme al artículo 297 de la LeCrim, con la responsabilidad que implica para los funcionarios de policía el respetar y observar las formalidades legales en las diligencias que elaboren, y en el uso de medios de averiguación que la Ley autorice.

La comparecencia no es documento a efectos probatorios, no constituye prueba documental de los hechos investigados, sino una simple denuncia; de hecho, el atestado sólo alcanza a ser prueba cuando sea ratificado en el juicio oral por quienes lo practicaron con las necesarias garantías de inmediación y contradicción-SSTS Sala Segunda 100/1985 de 3 de octubre y 261/2009 de 17 de marzo de 2009; y SSTC 173/1985, 49/1986, 182/1989 y 303/1993-

Existen tipos de comparecencia ante el funcionariado policial a la hora de inicio de un atestado, las destacadas son aquellas que relevan y dan inicio a la labor policial para esclarecer un supuesto hecho delictual. Por ello deben ser frecuentes en el trabajo policial y variadas para que respalden la labor de gestión, averiguación y determinación (detención).

Las comparecencias tienen partes narrativas. Para desarrollar correctamente una comparecencia, el funcionario debe tener siempre presentes cuales son las posibles partes de que puede constar la misma y el orden en el cual se deberán ir narrando los hechos ocurridos (cronología de aplicación).
Existen dos tipos de comparecencia, por persona particular (perjudicado / ofendido) o funcionario policial.

A. **COMPARECENCIA CIUDADANA**: Personación de ciudadano/a en dependencia policial para denunciar hechos supuestamente ilícitos, o el propio responsable, se autoconfiesa (presionado o busca una actuación atenuada por parte de la justicia).

- **OFENDIDO** debe entenderse el sujeto pasivo del delito (Ej. Persona que le roban el coche).
- **PERJUDICADO**, aquel que sufre en su esfera patrimonial los efectos de la acción delictiva, siendo titular de la pretensión de reparación del daño causado (Ej., Persona dueña del coche).

B. **COMPARECENCIA POLICIAS**: Los propios policías exponen, determinados hechos, que han sido conocidos en el ejercicio de su profesión oficio o cargo.

C. **COMPARECENCIAS VARIAS**: Dentro del cuerpo del atestado, puede haber una o varias, caso de conocerse hechos nuevos, nuevas investigaciones que han dado resultado, etc.

2.1. COMPARECENCIA DE PARTICULAR. CARACTERISTICAS BASICAS.

Como hemos citado, la comparecencia de una persona particular es una diligencia inicial, a los efectos que comienza la maquinaria policial a confeccionar el cuerpo diligéncial.

2.1.1.   CARACTERÍSTICAS.

Las características básicas son:

- **PARTICULAR**. Una persona (no agente policía), expone unos hechos presuntamente delictivos.
- **INICIAN**. Las comparecencias de este tipo dan inicio (salvo que los hechos fueran manifiestamente falsos o no constitutivos de delito), a una actuación/investigación policía.
- **REFLEJO**. Su tramitación, resolución, resultado y remisión se reflejarán en el resto de diligencias de investigación del atestado (cuerpo).

2.2.   LA DENUNCIA.

Por ello, tenemos que tener en cuenta, que **LA DENUNCIA** en el ámbito penal es una declaración de conocimiento por la que se informa a las autoridades (órgano judicial, Ministerio Fiscal o autoridad con funciones de policía judicial), de la existencia de un hecho que reviste los caracteres de delito.

También se puede definir la denuncia, como una declaración de conocimiento por la que puede (delito semi) o debe (delito público) transmitirse a un órgano judicial, al Ministerio Fiscal o a funcionarios de la PJ, la noticia de un hecho constitutivo de delito.

Las denuncias pueden presentarse ante cualquier dependencia policial o puesto de los distintos miembros que integran las Fuerzas y Cuerpos de Seguridad del Estado, (art. 11 de la Ley Orgánica 2/1986, de 13 de marzo y art. 3º del Real Decreto 769/1987, de 19 de junio), así como ante los funcionarios de la Policía judicial, (art. 4º del R.D. 769/1987) debiendo entonces proceder a la práctica de las correspondientes diligencias de prevención, a las que ya nos hemos referido, dando cuenta a la Autoridad Judicial o al Ministerio Fiscal, (arts. 284 y 285 de la LECrim.). Con toda obviedad todo cuanto queda dicho es de aplicación a las Policías Autonómicas y a las Locales.

2.2.1. OBLIGACIÓN DE DENUNCIAR.

Se recoge en la LeCrim en su artículo 264 que dice, la perpetración de algún delito de los que deben perseguirse de oficio al Ministerio Fiscal, al Tribunal competente o al Juez de instrucción o municipal, o funcionario de policía.

La regulación de la denuncia se recoge en la LeCrim, en el Título I, del Libro II, art. 259-269, destacando que:

- **LA CONFIDENCIA** a la policía NO está considerada como DENUNCIA por la doctrina.
- **REQUIERE** la identificación del denunciado (art. 268 LECrim)
- **EL DEBER** de denunciar y perseguir el delito en cuanto sean conscientes de la comisión, es a los funcionarios de policía. (art. 262 LECrim).

EJEMPLOS: Una persona es TESTIGO DIRECTO de un hecho delictivo (delito público), por ej. observa un tirón, está obligado a denunciarlo (art. 259 LECrim.).
Lo mismo sucede cuando el denunciante esté obligado por RAZÓN DE SU CARGO, PROFESIÓN U OFICIO (art. 262 LECrim).

2.2.2. NO ESTÁN OBLIGADOS A DENUNCIAR (LECRIM).

- **CÓNYUGE** del delincuente, de hecho o persona que conviva en análoga relación de afectividad.
- **ASCENDIENTES Y DESCENDIENTES** del delincuente y parientes colaterales hasta el segundo grado inclusive.
- **NO SERÁ APLICABLE**: delito contra la vida, delito de homicidio, delito de lesiones (149 y 150 CP), delito de maltrato habitual (173.2 CP), delito contra la libertad o contra la libertad e indemnidad sexual o delito de trata de seres humanos y la víctima del delito sea una persona menor de edad o una persona con discapacidad necesitada de especial protección.

2.2.3. CONSECUENCIAS ANTE EL INCUMPLIMIENTO DE LA OBLIGACIÓN DE DENUNCIAR.

- **HECHOS DIRECTAMENTE PRESENCIADOS**: Cualquier persona, salvo (artículos 260-261LECrim).

- **HECHOS NO FUERON PRESENCIADOS**: Es preceptivo para todos, **EXCEPCIÓN** Art. 263, LECrim. La obligación no comprenderá a los ABOGADOS NI A LOS PROCURADORES de sus clientes (secreto profesional y su deber de confidencialidad) sentencia del Tribunal Supremo núm. 358/2014, de 28 de abril. ECLI:ES:TS: 2014:2028. Tampoco a LOS ECLESIÁSTICOS Y MINISTROS DE CULTOS disidentes respecto de las noticias que se les hubieren revelado EN EL EJERCICIO de las funciones DE SU MINISTERIO

- **CONOCIMIENTO DE LOS HECHOS FUERA INDIRECTO O CIRCUNSTANCIAL** deberán denunciar, pero no se prevén sanciones ni responsabilidades en caso de no hacerlo.

- **DENUNCIA MERAMENTE POTESTATIVA Y NO PRECEPTIVA. DENUNCIA DEL AUTOR** de los hechos. autodenuncia. No está sujeto a obligación, el hecho de que el autor de unos hechos que pueden ser constitutivos de delito no los ponga en conocimiento de la autoridad judicial no es sancionable.

- **ATENUANTE**. No obstante, el Art. 24, C P establece que deberá aplicársele al reo una circunstancia atenuante de responsabilidad.

2.2.4. FORMALISMOS DE LA DENUNCIA.

Existen unos formulismos básicos en la formalización de la denuncia, destacar:

- **NO REQUIERE DE MUCHOS FORMALISMOS** en cuanto a su modo de presentación.

- **DENUNCIANTE O MANDATARIO CON UN PODER ESPECIAL, LO PODRÁ HACER:**

- **DE FORMA ESCRITA.** Deberá estar firmada por el denunciante (o una persona a su ruego, en caso de no poder hacerlo), acto seguido la autoridad competente lo sellará y lo rubricará en todas las hojas.

- **DE FORMA VERBAL.** El funcionario expedirá un acta en la que haga constar toda la información relativa a los conocimientos que tiene el denunciante con respecto del hecho delictivo, la firmarán ambas partes.

- **IDENTIFICACION:** el juez o la autoridad que la reciba harán constar por cédula personal la identidad de denunciante. (art. 265 a 268 LECrim).

2.2.5. UNA VEZ QUE EL SUJETO DENUNCIE LOS HECHOS.

La denuncia que se hiciere por escrito deberá estar firmada por el denunciador; y si no pudiere hacerlo, por otra persona a su ruego. art. 266 LECRIM. La autoridad o funcionario que la recibiere rubricará y sellará todas las hojas a presencia del que la presentare.

3. OFENDIDO Y PERJUDICADO.

Existe una diferencia entre ofendido y perjudicado.

- **OFENDIDO** es la víctima, el sujeto pasivo —persona física o jurídica— sobre la que recae el daño o peligro causado por la conducta típica del sujeto activo.
- **PERJUDICADO** es aquél que sufre en su patrimonio los efectos de la acción delictiva, y ejercita la pretensión de reparación del daño causado.

Si el denunciante fuere el ofendido por el delito, no tiene obligación de denunciar el hecho. La denuncia sería un derecho del que puede o no hacer uso. Sin perjuicio de que el procedimiento se incoe contra su voluntad si el delito fuere público.

3.1. INFORMACIÓN A LAS VÍCTIMAS / OFRECIMIENTO DE ACCIONES.

Se informará al ofendido y al perjudicado por el delito de forma escrita de los derechos que les asisten de acuerdo con lo establecido en los artículos 109, 109 bis y 110 LECRIM.

3.2. LA DENUNCIA ANTE FUNCIONARIO POLICIAL.

A la hora de la recepción y formulación de la denuncia, el o la policía que tomase la comparecencia, tendrá en cuenta:

- **EXPLICACIÓN PEVIA:** Denunciante explica oralmente su versión de los hechos que pretende denunciar.

- **REDACCIÓN FIAL AL TESTIMONIO (NO EXTENSIVO):** secretario redacta el documento en el que da cuenta de lo que aquél manifiesta, recogiendo las palabras del declarante de la forma más fiel posible.

- **EL VERBO DICENDI:** ("declara" , "manifiesta" o "hace constar"), la conjunción subordinante "que" (NO SOY PARTIDARIO), introductora de las palabras citadas, y la trasposición de los elementos deícticos y de los tiempos verbales caracterizan formalmente el escrito de declaración.

- **TRASLADO**: Es por tanto, las "palabras del denunciante" , quien se traslada a veracidad por la transcripción del secretario, por el principio "irus tantum" , principio de veracidad.

- **PALABRAS TIPO**: Uso de "el declarante" o "el dicente" , también, "el compareciente" , son fórmulas fijas con las que el locutor se refiere al enunciador.

- **MANIFESTAR COMO FUNDAMENTO:** El estatuto que se le otorga a éste en el discurso está determinado porque su papel es el de decir, el de manifestar.

EJEMPLO// MANIFIESTA: Que comparece en estas dependencias libre y voluntariamente después de haber sido citado por esta Instrucción a los efectos de ser oído en declaración en relación a los hechos que motivan las presentes".

- **VERACIDAD**: El hecho de que el escrito de declaración esté construido en forma de cita indirecta garantiza su veracidad.

- **FUNDAMENTO Y OBJETO**: no es tanto averiguar lo que realmente ocurrió. Como hacer acopio de datos, pruebas y testimonios que sirvan para aclarar los hechos posteriormente.

- **CONTENIDO:** La interacción oral previa, tiene carácter instrumental, sirve como campo de negociación acerca del contenido del texto escrito.

- **EL RESULTADO:** Es un texto escrito, en tercera persona, donde el secretario, atestigua que el declarante hizo las manifestaciones en su presencia.

- **EL TEXTO ESCRITO TIENE VOLUNTAD DE TRASCENDENCIA:** Su naturaleza preprocesal obliga a que en todo momento se tenga en cuenta la existencia de un receptor remoto, que es el juez.

- **RECORDAR EL USO DEL ESTILO INDIRECTO** en la trascripción de la narración, no un mero dictado de lo que quiere decir.

EJEMPLOS. Denunciante dice "la motocicleta es propiedad de mi hermana, pero la suelo conducir yo". Se debe cambiar, posesivo y el pronombre: "Que la motocicleta es propiedad de su hermana Silvia RAMÓN PÉREZ, aunque él es el conductor habitual".

- **OTROS DÍCTICOS**. con propósito de aportar objetividad y univocidad al escrito, en lugar de "aquí" se recurre a "estas Dependencias" o a "esta Comisaría"; en vez de "allí", se emplea "en el lugar de los hechos"; o "en este acto" , en lugar de "ahora" .

Otra parte fundamental en la toma de la comparecencia de un particular es las preguntas, reformulación del turno de preguntas. Una vez manifestado "de per", comenzar turno de preguntas y respuestas, en aras de hacer progresar la información y guiar al declarante.

EJEMPLO. -PREGUNTADO para que diga la cuantía d los daños, RESPONDE que 545 €, según factura proforma que, en este acto, entrega

4. COMPARECENCIA FUNCIONARIO POLICIAL-

Existen unas características de las comparecencias policiales, de ellas hay dos tipos básicos:

- **INTERNA O DIRECTA**, se comparece ante un mismo efectivo policial, del cuerpo al que pertenece.
  Ejemplo. - Policía que ha presenciado un hecho comparece ante la unidad instructora, del propio Cuerpo (POLICIA LOCAL).

- **EXTERNA O INDIRECTA**, se comparece ante un mismo efectivo policial, del cuerpo al que pertenece.

  Ejemplo. - Policía que ha presenciado un hecho comparece ante la unidad instructora, de otro Cuerpo (POLICIA LOCAL COMPARECE ANTE GUARDIA CIVIL O POLICIA NACIONAL).

5. CARACTERISTICAS COMUNES DE LA COMPARECENCIA.

Existen unas características comunes, tanto en la comparecencia de particular como del funcionariado policial, destacar:

5.1. PARTES DE LA COMPARECENCIA.

a) Encabezamiento.

b) Identificación del compareciente. (ya sea funcionario o particular).

c) Presentan en calidad de detenido.

d) Entrega de efectos (en algunos casos).

e) Manifiesta.

f) Cierre.

g) Firma de todos los intervinientes.

5.2. ENCABEZAMIENTO.

- **LUGAR** en donde se extiende.
- **DEPENDENCIA** policial en la que nos encontramos, con indicación asimismo del Grupo o Unidad que la extiende.
- **FECHA Y HORA** de inicio del atestado.
- **IDENTIFICACIÓN** (categoría y número de carné profesional), de Instructor y secretario.

5.3. IDENTIFICACIÓN del funcionario o particular compareciente.

- **IDENTIDAD** persona que denuncia o relata los hechos en la comparecencia, los funcionarios se identificarán con su carné profesional, los particulares lo harán mediante la exhibición del DNI/NIE (*).
- **FILIACIÓN COMPLETA**: Nombre y apellidos (estos últimos en

mayúsculas), número de D.N.I., N.I.E. ETC, lugar y fecha de nacimiento, nombre de los padres, domicilio, teléfono de contacto y email.

- **SI EL COMPARECIENTE NO PORTA SU DNI,** en la comparecencia se deberá indicar: quién dice ser y llamarse.

5.4.   PRESENTACIÓN DEL/LOS DETENIDOS.

- **POR POLICIAS QUE PRACTICARON LA DETENCIÓN,** deberán presentarlo al Instructor del Atestado, identificándolo con su filiación completa (identificación previa).

- **IDENTIFICACIÓN CON EL D.N.I./NIE,** si no lo lleva, con el carné de conducir o el pasaporte; si no estuviera documentado, haremos constar la filiación que el detenido manifieste, sin perjuicio de que, si posteriormente se constata ser otra diferente, se haga constar tal circunstancia en el Atestado.

- **RECUERDA UN PARTICULAR TAMBIÉN PUEDE DETENER A UNA PERSONA,** art 490 LECrim, motivo por el cual, puede que, en la comparecencia de un particular, también se incluya este apartado, aunque no es lo normal.

5.5.   ENTREGA DE EFECTOS.

- **ESTA PARTE ES OPTATIVA,** no siempre en la comparecencia, los sujetos, harán entrega de alguna cosa.

- **SI ENTREGAN ALGUNA COSA,** describir detalladamente las pruebas, efectos o instrumentos del delito que son aportados, en este acto (relación detallada/cadena de custodia).

- **EN CASO DE QUE NO SE ENTREGUE NADA,** omitiremos esta parte, pasando a la siguiente (MANIFIESTAN). Se puede hacer constar la no aportación de objetos.

EJEMPLOS: PARTE FACULTATIVO, que servirá para dejar constancia de posibles lesiones (antes-durante-después). UNA NAVAJA, utilizada por el autor del delito para agredir a la víctima. Instrumento del delito. UNA BARRA METÁLICA, utilizada por el autor de un robo para forzar la puerta, etc. Instrumento del delito. UNAS TIJERAS, utilizadas por el autor del delito para forzar la cerradura de un vehículo. Instrumento del delito. UN ESCRITO, en el que consten ya los hechos que quiere denunciar, en los casos de denuncia escrita. UN DOCUMENTO, en el que conste que actúa en nombre de otra persona. UN VIDEO O IMAGEN. Del delito o de su posible autor.

5.6.   CADENA DE CUSTODIA.

Especial relevancia tiene la **CADENA DE CUSTODIA**, la SENTENCIA DEL TRIBUNAL SUPREMO N.º 208/2014, DE 10 DE MARZO establece «Se viene entendiendo por la doctrina como "cadena de custodia", el conjunto de actos que tienen por objeto la recogida, el traslado y la conservación de los indicios o vestigios obtenidos en el curso de una investigación criminal, actos que deben cumplimentar una serie de requisitos con el fin de asegurar la autenticidad, inalterabilidad e indemnidad de las fuentes de prueba».

Por tanto, en la **CADENA DE RELATO**, habrá que hacer mención a la cadena de custodia con especial atención:

- **HACERLO CONSTAR EN ACTA O DILIGENCIA**. objeto de la recogida, el traslado y la conservación de los indicios o vestigios obtenidos.
- **DESCRIPCIÓN MINUCIOSA Y PORMENORIZADA** de los efectos que se entregan.
- **LA CADENA DE CUSTODIA** de la cosa, no puede romperse bajo ningún concepto.
- **DEVENGARÍA NULIDAD PROCESAL**, de romperse, a efectos de prueba estimable por el Tribunal.

5.7.   CONCLUSIÓN.

Para comprobar la cadena de custodia de la prueba, será necesario:

- Analizar que exista un **RIGUROSO PROCEDIMIENTO DE CONTROL** sobre la prueba.
- Prestar atención **DESDE QUE SE INCAUTA LA PRUEBA HASTA QUE SE ENTREGA AL JUEZ**. Último eslabón en la cadena de custodia de la prueba.

EJEMPLO. Si se intervienen dispositivos electrónicos, la preservación de la cadena de custodia requiere que los mismos sean precintados y, además, identificados en la medida de lo posible.

5.8. MANIFIESTA.

- **SUCESIÓN DE HECHOS**. Se harán constar los hechos sucedidos.
- **PREGUNTAR**. El Instructor puede ayudar a aclarar y facilitar la toma de la denuncia efectuando preguntas que aparecerán recogidas en el cuerpo de la comparecencia "PREGUNTADO" y "RESPONDE".
- **RECOGIDA DE HECHOS**. Los hechos denunciados queden recogidos de forma clara y comprensible, de forma cronológica, y aunque concisa, sin omitir detalles de interés policial y/o judicial.

DEBEN RECOGERSE LOS SIGUIENTES DATOS.
- **HORA Y LUGAR** en que ocurrieron los HECHOS.
- **DESCRIPCIÓN AUTORES** si se han visto (aspecto físico, ropa, edad, sexo, características especiales como tatuajes, cojeras, cicatrices, etc. que sirvan para su posterior identificación; etc.). **PREGUNTAR**.
- **DESCRIPCIÓN OBJETOS ROBADOS O SUSTRAÍDO**, lo más completa posible de los s (en su caso). Fotos etc.
- **DESCRIPCIÓN DEL ARMA O INSTRUMENTO DEL DELITO**, utilizado y lo más completa posible (en su caso).
- **MANIFESTACIONES REALIZADAS POR AUTOR/ES** de los hechos, si fueran relevantes (amenazas, coacciones, etc.).
  Estas manifestaciones de deben hacer constar textuales, E IRÁN EN LETRAS MAYÚSCULAS Y ENTRE COMILLAS.

RECORDAR. Aunque en el apartado de HACEN ENTREGA, ya se haya descrito la cosa que se entrega, en la parte del manifiesta, siempre se debe indicar, como llega esa cosa a nuestro poder, a quien se la coge, donde la encuentran, etc.
Las cosas no pueden aparecer porque sí, se debe saber el origen de la misma.

5.9. CIERRE.

- **FÓRMULA DE CIERRE**. Cuando el compareciente ha terminado de exponer los hechos que quiere denunciar, cerramos la comparecencia, utilizaremos para ello una

Una de las fórmulas de cierre que suele utilizarse es la siguiente: "Que no teniendo nada más que manifestar, una vez leída, firma la presente en prueba de conformidad (ratificando) con lo en ella escrito, en unión del Instructor, de lo que como secretario CERTIFICO".

5.10.   FIRMAS DE LOS INTERVINIENTES.

- **TERMINADA SE DEBE FIRMAR** por todos los intervinientes en la comparecencia.
- **UBICACION FIRMAS**. El instructor a la izquierda, el secretario en el centro y el o los comparecientes a la derecha

6. EJEMPLOS.
6.1.   COMPARECENCIA EN BLANCO.

COMPARECENCIA:-.- En la población de *, y en las Dependencias de la Policía Local, siendo las * horas del día xxx, ante la Unidad Instructora compuesta por los policías con categoría y número profesional, (X) número (X), y (X) numero (X), Instructor y Secretario respectivamente para la práctica de la presente, COMPARECE:---
-.-Quien acredita ser y llamarse, mediante Documento Nacional de Identidad número *,Nombre: , apellidos: , nacido en   , provincia de   , cuya fecha de nacimiento es   , hija o hijo de   y   , con domicilio actual es en la población   , de provincia de   , en la C/Pza/Avda.   y teléfono número   „ quien en este acto HACE ENTREGA:--------------------------------
----
-.-(DETALLARLO)--.-
-.-MANIFESTANDO:--
-.-(MANIFESTACIÓN   BREVE,   CONSIVA   Y   CLARA   PERO DESCRIPTIVA).--
-.-PREGUNTADO para que diga (PREGUNTA), a la misma RESPONDE que (RESPUESTA).--
---.-TANTAS PREGUNTAS COMO HAGA FALTA.--------------------------
--
-.-PREGUNTADA si tiene algo más que decir o hacer constar RESPONDE que no tiene nada más que decir ratificándose en lo manifestado.----------------
-.-Una vez leída, firman en prueba de conformidad, en unión del Instructor,

de lo que, como secretario, CERTIFICO. --

Firman todas las partes.

6.2. EJEMPLO DE COMPARECENCIA POR DENUNCIA VIOLENCIA DE GÉNERO.

En este caso el contenido, inventado, nos indica la forma de redacción, tiempo y firma verbal empleada etc.

COMPARECENCIA:-.- En la población de *, y en las Dependencias de la Policía Local, siendo las * horas del día xxx, ante la Unidad Instructora compuesta por los policías con categoría y número profesional, (X) número (X), y (X) numero (X), Instructor y Secretario respectivamente para la práctica de la presente, COMPARECE:--
-..-Quien acredita ser y llamarse, mediante Documento Nacional de Identidad número *,Nombre: , apellidos: , nacido en   , provincia de   , cuya fecha de nacimiento es   , hija o hijo de   y   , con domicilio actual es en la población   , de provincia de   , en la C/Pza/Avda.   y teléfono número   „ quien en este acto HACE ENTREGA:----------------------------------
---------------.-De un parte facultativo expedido en (LUGAR), en el que consta haber sido asistida a las + horas de hoy de: "HEMATOMA PERIORBITARIO IZQUIERDO ..." resto ilegible, de pronóstico leve salvo complicación. Siendo extendido por el colegiado (NUMERO).--------------------
--------------------------- -.-MANIFIESTANDO:---
--------------------------- -.- Que tiene una relación de pareja con Eduardo SANCHEZ FERNANDEZ, nacido en Oviedo el quince de enero de mil novecientos setenta, con el que convive desde hace dos años, en el domicilio reseñado, con dos sin hijos de su anterior matrimonio.----------------------------
---.-En el día de hoy, a la hora de la comida, ha sufrido malos tratos por parte de su marido, tanto físicos como verbales, siendo esta la primera vez que ocurren hechos como estos.----------------------

----
-.-Los malos tratos verbales han sido gritos tales como: "PUTARRANGA, NO VALES PARA UNA PUTA MIERDA, GUARRA, ASQUEROSA DE MEIERDA...", así como humillaciones, como quitándole el teléfono, prohibirle hablar con su madre que vive en Venezuela.----------------------------
-..-Sigue manifestando que, los malos tratos físicos, ocurrieron en el día de hoy,

en el momento en el que su pareja llegó al domicilio a medio día sobre las catorce horas, cuando sin cruzar palabra le ha lanzado un puñetazo en la cara cayendo al suelo donde aprovechó para golpearle reiteradamente por todo el cuerpo, tanto con puñetazos como con patadas, además de escupirle.-----------
- -.-Que su pareja mide un metro y noventa centímetros y pesa cien kilos, por lo que le fue imposible defenderse y repeler sus golpes, gritando para pedir ayuda a sus vecinos, cuando en un momento dado su pareja le tapó fuertemente la boca con su gran mano, amenazándola diciéndole "SI GRITAS TE MATO, HIJA PUTA".--
---------------- -.-Quiere hacer constar, que está sufriendo una mala racha económica así como atraviesa un mal momento personal, al encontrase tanto ella como su pareja sin trabajo ni percibiendo ayuda económica.------------------
---------------------------- -.-PREGUNTADA para que diga, si su pareja dispone de algún tipo de arma, RESPONDE que su marido es cazador y tiene varias escopetas, no pudiendo decir el número exacto, pero que las guarda bajo de la cama.----------------------- -.-PREGUNTADA si los hechos han ocurrido con anterioridad, RESPONDE que no, que es la primera vez que ocurre, pero que su pareja tiene mal genio y las riñas verbales han sido cada vez más frecuentes sin llegar a la agresión verbal o física, como en el día de hoy.---SE LE HARIAN TANTAS PREGUNTAS COMO FUERAN NECESARIA S POEL EL INSTRUCTOR.
-.-PREGUNTADA si, dispone de alguna medida judicial, RESPONDE que al ser esta la primera vez que sufre malos tratos no cuenta con orden de protección, pero que es su deseo en este momento solicitarla.--------------------
-.-PREGUNTADA si dispone de abogada, RESPONDE que no tiene abogado y desea le sea asignado uno perteneciente al turno de violencia familiar.--------- -.-PREGUNTADA si desea ser asistida o asesorada por los Servicios Sociales de este ayuntamiento, RESPONDE que sí y autoriza a trasladar sus daros, siempre que sea posible, por no encontrarse con fuerzas para solucionar sola esta situación.---
-------------------------- -PREGUNTADA si tiene algo más que decir o hacer constar RESPONDE que no tiene nada más que decir ratificándose en lo manifestado.------------------.-Una vez leída, firman en prueba de conformidad, en unión del Instructor, de lo que como Secretario, CERTIFICO. ----------------
----

Firman todas las partes.

6.3. EJEMPLO DE COMPARECENCIA FUNCIONARIADO POLICIAL

En este caso el contenido, inventado, nos indica la forma de redacción, tiempo y firma verbal empleada etc.

COMPARECENCIA UNIDAD ACTUANTE:-.- Se extiende la presente en la población de *, y en su Dependencia de la Policía Local, siendo las veinte y diecisiete horas del día xxx, ante la Unidad Instructora compuesta por los policías con categoría y número profesional, (X) número (X), y (X) numero (X), Instructor y Secretario respectivamente para la práctica de la presente, COMPARECE:--
-.-La UNIDAD ACTUANTE conformada por los funcionarios de este Cuerpo, con categoría y número respectivamente (X), y (X), y en este acto entregan y presentan, para su puesta a disposición judicial:------------------------
-.-Persona detenida (filiación completa y de donde se han sacado sus datos), como presunta autora de un supuesto delito contra la propiedad, a la que se le ha informado verbalmente y en el lugar de los hechos, tanto del motivo de la detención como de los derechos que le asisten como detenida, recogidos en el artículo 17 del CE y desarrollados en el 520 de la LeCrim.------------------------
-.-Un destornillador punta en forma de estrella de (15) quince centímetros de largo, con mango de plástico azul, presuntamente utilizada para abrir la cerradura del vehículo, al observarse restos en el mismo.--------------------------
-.-Objetos ocupados y presuntos objetos del delito; chaqueta de piel de color negro, cartera negra de lona y en su interior dos billetes de 50 € (total 100 €), DNI nº* a nombre de * (titular del vehículo forzado) y bolsa de deporte marca Adidas roja y, en su interior, pantalón corto marca Nike y camiseta Reebok.
-. - MANIFIESTAN en relación a los hechos que nos ocupan: --------------------
-. - Siendo las * horas del día de hoy, cuando circulaban con el vehículo policial indicativo M-01 por la Calle X, frente al número X, pudieron observar como la persona presentada como detenido, estaba forzando la puerta del copiloto del vehículo 8767JKL (datos completos en diligencia adjunta), así como cogía objetos de su interior. Siguen manifestando que, al llegar a su altura, se había separado del vehículo y portaba los objetos citados en esta comparecencia y que pretendía esconder debajo de un vehículo.------------------
--------------------------- -.-Quieren hacer constar que han procedido a dar aviso al titular del vehículo, quien ha manifestado que comparecerá en estas dependencias.-------------------- -.-De igual forman manifiestan que,

conformada por los funcionarios de este Cuerpo con categoría y número respectivamente (X) y (X), han sido testigos de los hechos y de la detención, no participando en ella.-------------------------------- -.-PREGUNTADOS si hay testigos de los hechos, RESPONDEN que de momento NO.-------------------- --.-PREGUNTADOS si la persona detenida ha presentado resistencia, RESPONDEN que NO.----------- ---.-PREGUNTADOS si la persona detenida presenta lesiones o ha manifestado padecer enfermedad, RESPONDEN que no presenta lesiones ni ha manifestado padecer enfermedad alguna.--.- PREGUNTADOS si tienen algo más que decir o hacer constar, RESPONDEN que no tienen nada más que decir, firmando la presente una vez leída, en prueba de conformidad, en unión del Instructor, de lo que como Secretario, CERTIFICO.--

Firman todas las partes.

7. DILIGENCIAS DE INICIACIÓN.

Dentro de las diligencias de iniciación, destacan las diligencias motivadas. Además de la comparecencia existen otras formas de inicio, llamadas motivadas porque en ellas se explican los motivos de la actuación policial. se iniciará por diligencia cuando este acto inicial, para comenzar el atestado, no consista en la presencia de una persona denunciante.

7.1. TIPOS

De los tipos de diligencia de INICIO, destacar:

- **POR LLAMADA** telefónica.
- Por carta telemática del **112**, Centro de Coordinación de Emergencias.
- **POR AMPLIACIÓN** de diligencias.
- **POR ORDEN** superior de mando.
- **DILIGENCIA DE ACTUACIÓN PROPIA O DE ACTUACIÓN DE OFICIO.** Se les suele llamar de exposición de hechos, al contener de manera general los hechos que motivan la actuación policial. Es la más importante de todas, pues sintetiza desde la forma de recepción del aviso, pasando por la actuación policial y,

en la mayoría de casos, el resultado de la actuación policial (mayoría de las detenciones).

- **POR ORDEN** de la autoridad judicial o Ministerio Fiscal

7.2.   DILIGENCIA INICIAL POR LLAMADA TELEFÓNICA.

- **RECIBIDA LLAMADA** se pone en conocimiento la posible comisión de un hecho delictivo.
- **SE COMPONE DE ENCABEZAMIENTO Y CUERPO**, se transcribirá íntegramente el texto del telefonema (mismos términos recogidos en el libro), "ENTRE COMILLAS Y A SER POSIBLE CON MAYÚSCULAS".
- **SE PROCEDE Y DA PIE A LA ACTUACIÓN POLICIAL**:
  - ✓ **AVERIGUACIÓN Y COMPROBACIÓN** del mismo, su esclarecimiento.
  - ✓ **APREHENSIÓN** de los presuntos responsables.
  - ✓ **RECOGIDA** de pruebas, efectos e instrumentos del delito para su puesta a disposición judicial.

Dicha **DILIGENCIA** dará inicio a:

- **CUERPO DILIGENCIAL.** Todo lo cual deberá plasmarse en las diligencias que a tal fin el Instructor del atestado fuere determinando.
- **COMISION DE POLICIALES.** Frecuentemente, en la misma diligencia ya el Instructor comisiona a otros funcionarios policiales, aunque no habría inconveniente en hacerlo en diligencia de comisión aparte de la inicial de telefonema.
- **MANIFESTACIONES O OTRAS PRACTICAS DILIGENCIALES.** El Instructor podrá ordenar la práctica de las mismas e incorporarlas al cuerpo diligencial.

8. EJEMPLOS.

DILIGENCIA DE CONOCIMIENTO E INICIO (LLAMADA/PERSONACION/CARTA 112 ETC):-.-Se extiende las presente, en fecha +, siendo las +, en POBLACIÓN (+), por la policía local, siendo la Unidad Instructora el NIP   y NIP   , Instructor y Secretario respectivamente, a la fecha y hora descrita en el encabezamiento, se HACER

CONSTAR:--

-.-Que las * horas (hora de la llamada /aviso), se tuvo conocimiento mediante (llamada teléfono etc), de los siguientes hechos (manifestación de la demandante) "EN MAYUSCULA".---

-.-Recibida demanda de servicio por el funcionario policial de la central de policía (identificar), siendo las + horas (hora de inicio) se traslada el servicio a la unidad actuante compuesta por * nip de actuantes.------------------------------

--.-Y Para que así conste se extiende y firma por la Unidad Instructora como actuante. CONSTE Y CERTIFICO.--

DILIGENCIA INICIAL POR LLAMADA TELEFÓNICA:-.- Se extiende en *, y en su Dependencia del Cuerpo de Policía Local, siendo las XX horas y XX minutos del día XXXX, por el funcionariado del referido cuerpo, Inspector y Agente titulares de los carnes profesionales números XX y XX, los cuales actúan como Instructor y Secretario, respectivamente para HACER CONSTAR:---

-.-Que siendo las * horas, se recibió en esta dependencia una llamada telefónica del número *, de quién se identificó como el Jefe de la Estación del metro comunicando lo siguiente: "LO QUE DICEN EN MAYUSCULAS".--
----

-.-Que a la vista de lo expuesto y con el objeto de comprobar y ampliar datos sobre lo sucedido, se procede conforme a lo establecido por la LeCrim, RESULTANDO:--

-.-(QUE SE HACE Y COMO SE HACE/DESCRIBIR DE FORMA BREVE , CONSISA Y CLARA).--
----

-.-La que se extiende y firma por el Instructor que, como secretario, CONSTE Y CERTIFICO.---
-

DILIGENCIA INICIAL POR CARTA DEL 112.-.-Se extiende en X, y en su Dependencia del Cuerpo de Policía Local, siendo las XX horas y XX minutos del día XXX, por el funcionariado del referido cuerpo, Inspector Y y Oficial X, los cuales actúan como Instructor y Secretario, para HACER CONSTAR: ------.-A la hora de inicio de las presentes, se recibe en esta dependencia una carta telemática del Centro de Coordinación de Emergencias de la Generalitat Valenciana con registro ITP (NUMERO), en su textual dice "LO QUE

DICEN EN MAYUSCULAS".--
-.-Para hacer constar que, a la vista de la llamada anterior, el Instructor dispone sea comisionado al lugar de los hechos a la dotación policial indicativo "D-2", compuesta por los funcionarios policiales números XX y XX, con el objeto de comprobar y en caso de ser cierto proceder en derecho.-
----

-.-RESULTANDO:---
-----.-(QUE SE HACE Y COMO SE HACE/DESCRIBIR DE FORMA BREVE , CONSISA Y CLARA).---
-.-La que se extiende y firma por la Unidad Instructora. CONSTE Y CERTIFICO.--

9. DILIGENCIA INICIAL AMPLIATORIA DE OTRAS DILIGENCIAS.

Cuando un atestado se remite al Juzgado sin haber concluido los hechos o a falta de detener a los presuntos responsable (deberá hacerse constar en la diligencia de remisión o de continuación de actuaciones o actuaciones pendientes, donde se le hace saber a "su señoría que se continúan gestiones para el esclarecimiento de los hechos, dándose oportuna cuenta del resultado de las mismas".

Cuando se tienen datos esclarecedores del suceso y ya ha sido localizado o detenido al presunto autor, se dará cuenta al órgano jurisdiccional encargado de la instrucción en otro atestado, continuación del anterior, el cual se iniciará mediante una "DILIGENCIA AMPLIATORIA" de aquel primero. Esta servirá de nexo de unión entre ambos atestados y contendrá en su cuerpo un resumen del primero.

10. EJEMPLO.

En este caso el contenido, inventado, nos indica la forma de redacción, tiempo y firma verbal empleada etc.

DILIGENCIA INICIAL/AMPLIATORIA: Se inicia en la Jefatura de Policía Local de X, siendo las XX horas del día XXXX, por los funcionarios del Cuerpo categoría y números XX y XX, respectivamente, actuando como Instructor y Secretario respectivamente, para HACER CONSTAR:--------------
---------------- -.-Las presentes diligencias dimanan y son ampliatorias a las

diligencias número 000/23 de fecha FECHA y de este mismo Cuerpo, remitidas al Juzgado de Instrucción en funciones de Guardia de los de la población de POBLACION.-

-.-En las mismas DATOS DE REQUIRIENTE, titular del N.I.E XXX cuyos datos obran en diligencia aparate, comparecencia para denunciar que la persona con la que vive, FILIFIACION, le sustrajo de su dormitorio quinientos euros.--.-Existiendo indicios bastantes y comprobadas, tanto la existencia del dinero como del presunto hurto, según testigos que comparecen y constan en las presentes diligencias.--

----------------------.-En las presentes diligencias se ha procedido a la localización y detención de FILIACION como presunto autor, lo que ha motivado la ampliación con las presentes.---

--.-La que se extiende por el Secretario y ordenado por el Instructor para que así

CONSTE Y CERTIFICO.--

DILIGENCIA INICIAL/AMPLIATORIA. Se inicia en X y en su Dependencia de la Policía Local, por los funcionarios del Cuerpo con categoría y número XX y XX, respectivamente, los cuales actúan como Instructor y Secretario respectivamente, para HACER CONSTAR:--------------

---------------- -.-Las presentes amplían a las diligencias con número 123/23, de fecha XXX, instruidas por este Cuerpo y remitidas al Juzgado de Instrucción número XX de X, en las que XX, comparecía para denunciar "UN INDIVIDUO DE RAZA NEGRA, DE UNA ESTATURA DE METRO SETENTA, CON CICATRIZ EN LA FRENTE, QUE TRAS AMENAZARLE CON UN CUCHILLO JAMONERO LE OBLIGÓ A ENTREGARLE SU CARTERA CON DIVERSAS TARJETAS DE CRÉDITO ASÍ COMO CUATROCIENTOS EUROS EN EFECTIVO".----

------------------------------ -.-Visionadas las cámaras de tráfico de esta policía local, ubicadas en la calle X y lugar de los hechos, en el espacio temporal de las 12.00 a 12.10 horas del día de los hechos se observa a quien es conocido por este Cuerpo sin género de dudas, al haber sido detenido por hechos similares, al que resultó ser el ciudadano nigeriano Jimmy XX, nacido en Nigeria, sin domicilio conocido y en situación irregular en España y que no fue localizado en su momento.----------- -.-Que, a la hora de inicio de las presentes, se ha recibido en esta dependencia al referido Jimmy XX, detenido por los funcionarios de este Cuerpo policías con categoría y número X y X, al ser comisionados para realizar las gestiones tendentes a su localización y detención. ---

-.-Y para que así conste es firmada por el Instructor junto al secretario. CONSTE Y CERTIFICO.---

11. DILIGENCIA INICIAL POR ORDEN SUPERIOR.

La Ley Orgánica 2/86, de 13 de marzo, determina que es principio básico de actuación "Sujetarse en su actuación profesional a los principios de jerarquía y subordinación". La dependencia jerárquica, orgánica y funcional, con respecto a los mandos superiores no deja lugar a dudas. Una orden de un superior jerárquico, a un funcionario policial y salvo que la misma sea manifiestamente contraria a derecho, se deberá cumplir en la misma forma y tiempo que se le fue indicado, pudiendo incurrir en otro caso en responsabilidades disciplinarias. Un ejemplo de diligencia inicial del atestado policial por orden de un superior puede ser el que figura a continuación.

12. EJEMPLO.

En este caso el contenido, inventado, nos indica la forma de redacción, tiempo y firma verbal empleada etc.

DILIGENCIA DE INICIO POR ORDEN SUPERIOR.-.- En X, en las Dependencias de esta Policía Local, a las XX horas y XX minutos del día XXX, por el Oficial número XX, Instructor y Agente número XX, Secretario para la práctica de la presentes, para HACER CONSTAR:------------------------ -----------.-Que, el Jefe de la Unidad Operativa Dos, Inspector con carné profesional número XX, tuvo noticias de que en las inmediaciones de la plaza X de esta ciudad, desde hace algún tiempo y por personas desconocidas se procede a la venta de sustancias estupefacientes a niños del Colegio "San Blas" sito en la misma, los cuales pasan por el lugar una vez finalizadas las clases diarias, a las veinte horas.--- ------------------------.-En vista de lo anterior, se emitió orden verbal en el día de hoy, para que se disponga un servicio de vigilancia con objeto de detectar a las personas implicadas en tales acciones, comisionando a tal fin a los que suscriben.---------- -.-Por lo que se ha procedido, tras ser confirmados los hechos, a la detención de sus autores y traslado a estas Dependencias policiales, motivando la presente instrucción.-- --.-Y es firmada por la Unidad Instructora. CONSTE Y CERTIFICO.-----------

13. DILIGENCIA POR PROPIA ACTUACIÓN POLICIAL. LLAMADA TAMBIÉN DE EXPOSICIÓN DE HECHOS.

Los policías (Policía Judicial en sentido genérico) pueden comparecer/instruir a fin de denunciar unos hechos, con propios medios y conocimientos, ellos mismos pueden iniciar el atestado mediante DILIGENCIA, e incluso COMPARECENCIA ante el jefe Unidad u otro Cuerpo. Las declaraciones que prestaren deberán ser firmadas, y "tendrán el valor de declaraciones testificales en cuanto se refieran a hechos de conocimiento propio" art 297 LECRIM.

Este tipo de diligencias, en los cuerpos de la policía local, concurren como el 80 % de las actuaciones ante hechos delictivos, debido a que, de manera general, se comparece en la Comisaria de la Policía Nacional o en el Cuartel de la Guardia Civil. Este tipo de proceder, que se determinará en las juntas locales de seguridad y al amparo de la Ley Orgánica de Fuerzas y Cuerpos de Seguridad, es cada vez más reducida.

Una obsoleta Ley no recoge la realidad de una policía local del siglo XXI, donde cada vez más, las policías locales instruyen las diligencias que conformarán el atestado.

Esta diligencia de **EXPOSICIÓN DE HECHOS**:

- **DA COMIENZO CON MÁS FRECUENCIA AL ATESTADO**. A través de esta diligencia inicial o de exposición de hechos, como que deriva de la práctica de investigaciones o actuaciones policiales.
- **EXPONER LOS ANTECEDENTES Y CAUSAS** que dieron lugar a la investigación o actuación y las principales actuaciones realizadas durante la misma.
- **REFLEJAR LOS HECHOS QUE LO MOTIVARON**. En todas las diligencias que integran el atestado policial, y especialmente en la de iniciación o exposición, han de reflejarse los hechos, circunstancias, datos, actuaciones, etcétera, que realmente puedan tener importancia a la hora de probar los hechos en el juicio oral.
- **NO INCLUIR DATOS INNECESARIOS**. No deben hacerse constar circunstancias que carezcan de tal valor, y ni de la operativa de la Policía.

- **REDACCION CRONOLOGICA.** Se da forma en que se realiza la misma actuación, procedimientos y métodos utilizados y de forma cronológica, con orden de actuaciones e identificación de implicados, objetos y datos de interés judicial.
- **SE TRATA DE RELATAR INDICIOS**, con posible valor probatorio, muy importantes para la operativa policial.

IMPORTANTE: "Las exposiciones contenidas en los atestados tratarán de recoger todos aquellos hechos objetivos que evidencien la realidad, sin que las mismas vayan acompañadas de valoraciones o calificaciones jurídicas; por ello, deberá evitarse todo tipo de criterios subjetivos y cuestiones irrelevantes para el proceso penal" . STS 234-1997

14. EJEMPLO
14.1. EN BLANCO.

DILIGENCIA DE EXPOSICIÓN DE HECHOS:-.-Se extiende las presente, en fecha +, siendo las +, en POBLACIÓN (+), por la policía local, siendo la Unidad Instructora el NIP y NIP , Instructor y Secretario respectivamente, a la fecha y hora descrita en el encabezamiento, en virtud de la LeCrim, se HACER CONSTAR:--
-.-Que siendo las horas del día de los hechos, se procedió a , dando como resultado la supuesta comisión de un ilícito penal, lo que se extiende más detalladamente en la siguientes diligencias.--
------ -.-Para que así conste se firma por la Unidad Instructora como Actuante.------
En este caso el contenido, inventado, nos indica la forma de redacción, tiempo y firma verbal empleada etc.

14.2. EJEMPLOS CUMPLIMENTADOS.

En este caso el contenido, inventado, nos indica la forma de redacción, tiempo y firma verbal empleada etc.

DILIGENCIA DE EXPOSICIÓN DE HECHOS. Se extiende la presente en Dependencias del Cuerpo de Policía Local, siendo las XX horas y XX minutos del día XXX, por los policías con categoría y números XX y XX, Instructor y Secretario, para HACER CONSTAR:------------------------------------

--------------- -.-Por este turno de tarde, GRUPO ALFA, se vienen realizando vigilancias en los alrededores de la Plaza Tres de Abril, en relación con la prevención y persecución de los pequeños delitos de tráfico de estupefacientes. Con ocasión de dichas vigilancias preventivas, se pudo comprobar como la pareja Manuel XX (filiación completa) y Tomasa XX (filiación completa), domiciliados ambos en la calle Larios, número cinco, piso segundo, letra B, de esta ciudad, vienen dedicándose de forma habitual a la venta de sustancias estupefacientes (marihuana y cocaína), a algunos escolares de los centros educativos, a pequeña escala.--

-- -.-Dichas personas ya fueron detenidas, por este cuerpo, y puestos a disposición judicial en una ocasión por supuesto delito contra la salud pública, diligencias/atestado 444/XX, que se siguen en el Juzgado de Instrucción números dos y cinco, respectivamente, estando por dichas causas en libertad provisional. ---

----------------------------- -.-En el día de hoy y a las * horas, se detectó una continua afluencia de personas al vehículo 0000GHT donde se encontraban los reseñados, muchas de ellas sobradamente conocidas por los componentes de este Grupo, como habituales consumidores de sustancias estupefacientes, se adjuntan denuncias por tenencia en el lugar.---------------------------------------

----

-.-Que en vista de todo ello y ante las fundadas sospechas se ha procedido a la ocupación de un total de doscientas cápsulas, del interior de la guantera del citado vehículo, que dan positivo como cocaína al drogo testa 456 R (ficha que se adjunta) con peso de un gramo cada una de ellas, en disposición a su venta junto a la cantidad de 600 euros, en billetes de 50 euros.´--------------------

-------- -.-Por lo que se procede a la detención por un supuesto delito de tráfico de Drogas, siendo informados del motive de la detención como del contenido integral de los derechos que les asisten como personas detenidas, previstas en el 17.2 de la Constitución y desarrollados en el 520 de la LeCrim.-

-----------------.-La que se extiende y firma por Instructor y Secretario. CONSTE Y CERTIFICO.--

----

DILIGENCIA DE EXPOSICIÓN DE HECHOS. Se extiende en las dependencias del Cuerpo de Policía Local, siendo las XX horas y XX minutos del día XXX, por el Oficial y Agente números XX y XX, que actúan como Instructor y Secretario, respectivamente, para HACER CONSTAR:------------

-.-Como consecuencia de los numerosos delitos contra el patrimonio perpetrados en los últimos meses en viviendas de esta localidad, se procedió a

intensificar la vigilancia por dicha zona.--
-.-Siendo las 03.30 horas, se observa y sorprende infraganti a dos individuos (filiación en diligencia aparte) forzando la reja del bar situado en la calle X nº X, así como a pocos metros una furgoneta con el motor aún caliente y, en su interior, la máquina tragaperras y otra registradora (relacionados en diligencia-.-En ese acto son detenidos por un delito contra la propiedad, así como otros posibles que se derivarán de la práctica de las presentes, al coincidir con la forma de proceder de los robos producidos en días anteriores.--------------------
----------.-Se le informa del motive de la detención y de los derechos que les asisten como personas detenidas, previstas en el 17 de la Constitución y desarrollados en el 520 de la LeCrim.---------------------------- ---------------------
--------------------.-La que como Unidad actuante e Instructora se firma. CONSTE Y CERTIFICO.---
----

15. DILIGENCIA INICIAL POR ORDEN DE LA AUTORIDAD JUDICIAL O MINISTERIO FISCAL –

El Art 126 CE establece "La Policía Judicial depende de los Jueces, de los Tribunales y del Ministerio Fiscal en sus funciones de averiguación del delito y del descubrimiento y aseguramiento del delincuente, en los términos que la Ley establezca". De igual forma el Art 287 LeCrim "Los funcionarios que constituyan la Policía Judicial practicarán sin dilación, según sus atribuciones respectivas, las diligencias que los funcionarios del Ministerio Fiscal les encomienden para la comprobación del delito y averiguación de los delincuentes y todas las demás que durante el curso de la causa les encargaren los Jueces de Instrucción y Municipales."

En el mismo sentido de lo expuesto dice; Art 288 LeCrim "El Ministerio Fiscal, los Jueces de Instrucción y los Municipales podrán entenderse directamente con los funcionarios de la Policía Judicial, cualquiera que sea su categoría para todos los efectos de este título, pero si el servicio que de ellos exigiesen admitiese espera, deberán acudir al superior respectivo del funcionario de Policía Judicial, mientras no necesitasen del inmediato auxilio de éste."

Por lo anterior, se tendrá en cuenta:

- **DEPENDENCIA** funcional, no orgánica.
- **RECIBIDA LA ORDEN**, de autoridad judicial o Ministerio fiscal (por telefonema, oficio e incluso verbalmente).
- **SE DARÁ CONTENIDO** a la diligencia inicial del atestado en los mismos términos que la diligencia de telefonema anteriormente explicada.

16. EJEMPLO.

DILIGENCIA INICIAL POR ORDEN JUDICIAL. Se inicia en Dependencias de la Policía Local, siendo las XX horas del día XX, por los funcionarios titulares de los carnes profesionales números XX y XX, Inspector y Agente, los cuales actúan como Instructor y Secretario respectivamente, para HACER CONSTAR:--
------------------------------.-Que a las 13.00 horas de la fecha de las presentes, se recibe en estas dependencias una llamada telefónica procedente del Juzgado en funciones de Guardia, en la que la que el Oficial traslada la siguiente orden judicial de manera verbal "LA JUEZ REQUIERE A LA POLICIA LOCAL PARA PERSONARSE EN EL DOMICILIO DE PEDRO LOPEZ LOPEZ, CON DNI X, CALLE PEZ NÚMERO DOS, Y PROCEDER A LA PRACTICA DE…."---
----------------------.-.Al objeto de dar cumplimiento ordenado, por parte del, se personen en el lugar de los hechos los policías del turno de tarde, agentes números X, y den cumplimiento a lo solicitado por la Autoridad Judicial, dando oportuna cuenta al que subscribe la presente.--------------------------------
----

-.- Se extiende por la Unidad Instructora para que CONSTE Y CERTIFICO.-

3
LAS
DILIGENCIAS DE INVESTIGACION.
DILIGENCIAS DE TRÁMITE.

1. DILIGENCIAS DE INVESTIGACION.

El conjunto de diligencias de investigación practicadas en la instrucción tiene por finalidad la averiguación del delito, su autor, la existencia de circunstancias modificativas de responsabilidad penal y todo lo necesario para ser posteriormente llevadas al acto del juicio oral, donde serán valoradas en su conjunto.

Puede confundirse con los actos de prueba, pero sus diferencias son las siguientes:

- **EL ACTO DE INVESTIGACIÓN PROPIO**, el realizado por la policía judicial y con el que se espera un resultado que se plasma en el atestado.

- **EL ACTO DE INVESTIGACIÓN POR ORDEN JUDICIAL**, se realiza en el procedimiento preliminar; en los casos de prueba anticipada, en el juicio oral.

Lo fundamental diferencia consiste en la distinta función que cumplen en el proceso.

1.1. LA INVESTIGACIÓN.

Los principios de la investigación policial, se pueden sintetizar en:

- **ACTIVIDAD DE RECOPILACIÓN** de elementos dirigida a permitir esclarecer las circunstancias del hecho delictivo y de su autor.
- **SU OBJETO** lo constituyen los hechos aparentemente delictivos de los que el Juez Instructor haya tenido conocimiento.
- **DESTINADA A LA OBTENCIÓN** de las fuentes de INDICIOS Y VESTIGIOS.
- **INCORPORAR** las fuentes de investigación, y esas fuentes se

incorporan a través de los medios de investigación correspondientes.

- **ENGLOBA UNA ACTIVIDAD** de averiguación, encaminada a descubrir, en su caso, la existencia del delito y, una vez conocida, a esclarecer sus elementos fácticos y a precisar la identidad de las personas que han participado en su comisión.
- **ORIENTADA** a la búsqueda y aseguramiento de elementos que pueden servir de prueba en el futuro.
- **LA ACTIVIDAD INVESTIGADORA** se basa en técnicas criminalísticas, no pretende convencer, y en ello se diferencia de la función de enjuiciamiento, de ahí su carácter heurístico y preparatoria de la acusación.

Hay que desligar las diligencias policiales de investigación de las diligencias de instrucción penal, puesto que ambas parecen cumplir idéntica misión.

Desde el punto de vista del lenguaje, el término investigar tiene un triple significado:

1.2.   SIGNIFICADO.

Su significado:

- **PRIMERA ACEPCIÓN** es «hacer diligencias para descubrir algo»;
- **EN LA SEGUNDA** «realizar actividades intelectuales y experimentales de modo sistemático con el propósito de aumentar los conocimientos sobre una determinada materia.».
- **LA TERCERA:** «aclarar la conducta de ciertas personas sospechosas de actuar ilegalmente.»180. Etimológicamente, investigare, proviene de la palabra vestigium (vestigio, es la señal, huella o rastro que queda de algo), y supone el descubrir lo que está oculto a través de los medios que permitan llegar a esa información.

Siguiendo esta línea, la investigación es una actividad previa y práctica, que busca proporcionar una información relevante para el proceso y que se constituye como presupuesto del ejercicio del ius puniendi del Estado. La investigación se lleva a cabo través de las ágiles actuaciones, diligencias181, que lleve a cabo la policía judicial.

1.3.   TIPOS.

- Diligencias de …
- La identificación del sospechoso.
- Reconocimiento fotográfico.
- Reconocimiento en rueda.
- Reconocimiento por voz.
- Examen dactiloscópico.
- Reconocimiento o identificación por huella de calzado.
- Identificación grafológica.
- Identificación antropomórfica.
- Declaraciones efectuadas en sede policial.
- Las inspecciones oculares.
- El levantamiento del cadáver
- La reconstrucción de los hechos.
- La recogida de vestigios y evidencias.
- Seguimientos. Grabaciones de audio y video
- La entrada y registro en lugar cerrado.
- Entrada y registro cuando media consentimiento del titular.
- Entrada y registro en casos de flagrancia delictual.
- Entrada y registro con autorización judicial.
- Controles de sustancias que alteran la voluntad.
- Diligencias en relación al cuerpo humano.
- El análisis de drogas y sustancias estupefacientes. El Drogotest
- La interceptación de las comunicaciones.
- Intervenciones telefónicas.
- Intervención comunicaciones postales.
- Intervención comunicaciones telemáticas.
- Examen de la memoria de dispositivos electrónicos.
- Medios genuinamente policiales de descubrimiento de delitos.
- Confidencias y confidentes.
- La disposición de elementos para permitir el descubrimiento del autor.
- 2.13.3. El testigo protegido.
- El agente encubierto o infiltrado.

Una vez incoado el procedimiento preliminar judicial todos los actos de investigación han de ser ordenados por el Juez, aunque la ejecución material del acto pueda confiarse a la Policía Judicial.

2. CLASES.

Los actos de investigación son de diferentes clases:

- Actos que se dirigen a buscar y adquirir las fuentes de la investigación; Entrada y registro en lugar cerrado, registro de libros y papeles, detención de correspondencia postal, e intervención telefónica.
- Actos que proporcionan por sí mismos las fuentes de investigación: Inspección ocular, declaración de testigos, careos, informe pericial, documentos, identificación del imputado, e injerencias corporales.

NOTA. - Las DILIGENCIAS técnicas de investigación, deberán practicarse por las Unidades Orgánicas con atribución por Ley, si bien las policías locales la ejercerán en función del artículo 53 LO 2/86 (atestados de tráfico en casco urbano).

No obstante, se podrán realizar aquellas que cumplimenten las instruidas tras nuestra actuación, ejemplo; inspección de lugar donde ha tenido una agresión (viogen), inspección en caso de daños y otras actuaciones donde no intervengan estas unidades especializadas.

3. EJEMPLO.

ACTA DE INSPECCION OCULAR:-.-Se extiende la presente en dirección, siendo las + horas del día +, para HACER CONSTAR:----------------------------
.-Personados en *, con motivo de un supuesto delito de violencia de género contra la que resulta ser y llamarse + (filiación completa en diligencia aparte), se procede a inspeccionar el habitáculo donde supuestamente tuvo lugar los hechos.---
-.-INFORMACIÓN PREVIA (se explica el motivo de la inspección).
-.-INFORMACIÓN EN EL PROPIO LUGAR DE LOS HECHOS (a través del personal no especializado que custodia el lugar, o bien de testigos, víctimas, etc.).
-.-RECONOCIMIENTO GENERAL (del lugar de los hechos y sus alrededores, detallando como se encuentra el lugar, en busca de los indicios más evidentes. Este

reconocimiento debe ser sistemático y minucioso)

-.-BARRIDOS. Por regla general, la búsqueda de pruebas o vestigios se realiza estableciendo barridos en espiral partiendo siempre desde el centro del suceso a la periferia, aunque como ya dijimos, realmente la forma de búsqueda dependerá del lugar y tipo de delito. Ciertos delitos exigen que la búsqueda sea minuciosa, mirando también en los lugares más insospechados como basura, cisternas del retrete, altillos de los armarios, contenedores de basura cercanos a lugar, terrazas, escalera, etc.

-.-OBTENCIÓN IMÁGENES (VÍDEO Y FOTOGRÁFICOS), (con las fotografías de conjunto, conjuntos parciales y detalles de los indicios observados. Este reportaje tiene por objeto la plasmación gráfica del escenario tal como se encontró y antes de proceder a los estudios y alteración del lugar (acotamientos y enumeración).

-.-DESCRIPCIÓN DETALLADA DE LA ESCENA, así como de los efectos e indicios encontrados. Importante observar en la víctima señales de lucha o forcejeo, sus uñas, así como el tipo de nudo en los ahorcamientos o la posición de los objetos a su alrededor, etc.

-.-EXAMEN de los efectos personales e indumentaria de los sospechosos.

-.-DESCRIPCION "In situ" de los indicios encontrados.

-.-RECOGIDA Y REMISION DE LOS EFECTOS E INDICIOS. Cada efecto o indicio ha de ser recogido por separado, debidamente etiquetado y con las precauciones debidas para no estropear su estudio y análisis

-.-La que es firmada por todos los participantes, junto a la Unidad Actuante.--

Firma de todos los participantes.

Otro ejemplo podría ser:

DILIGENCIA DE PROCEDER Y ACTUAR:-.- Se extiende las presente, en fecha +, siendo las +, en POBLACIÓN (+), por la policía local, siendo la Unidad Instructora el NIP   y NIP   , Instructor y Secretario respectivamente, a la fecha y hora descrita en el encabezamiento, se HACER CONSTAR:---

-.- Conforme a lo señalado en el artículo 282 de la Ley de Enjuiciamiento Criminal, de lo citado con anterior, se desprende la posible existencia de un hecho delictivo que da lugar a la práctica de las presentes diligencias.------------

- -.-Por lo anterior se procedió a realizar la siguiente ACTUACIÓN:------------

--- -.-DESCRIPCIÓN BREVE, CONCISA Y DETALLADA.-------------------

---- -.-Y Para que así conste se extiende y firma por la Unidad Instructora como actuante. CONSTE Y CERTIFICO .--

----

Firma de todos los participantes.

4. DILIGENCIAS DE TRÁMITE. CONCEPTO.

Son las que se derivan de la propia de la actuación policial, y de carácter rutinario. Por ejemplo: solicitud de antecedentes, petición de parte facultativo, etc. De entre ellas es fundamental y obligada la diligencia de notificación de derechos al detenido.

Podemos desatacar:

- **CONTENIDO ADMINISTRATIVO O BUROCRÁTICO.** Sirven de nexo de unión para coordinar y estructurar al resto de las diligencias que conforman el atestado.
- **DAN CUMPLIMIENTO A FORMALIDADES LEGALES**, así como dar coherencia al atestado o hacer constar datos.
- **FIRMA**. sólo van firmadas por el secretario del atestado y no por el instructor.

Citaremos (para cumplimiento de formalidad legal o formal):

- Diligencia de información de derechos al detenido.
- Diligencia de comunicación al colegio de abogados (abogado particular).
- Diligencia de comunicación al colegio de abogados (abogado de oficio).
- Diligencia de comunicación a persona designada (vía telefónica).
- Diligencia de comunicación a persona designada (por comisión).
- Diligencia de comunicación al consulado.
- Diligencia de solicitud de intérprete.
- Diligencia de reconocimiento médico.
- Diligencias de comunicación a la autoridad judicial.
- Diligencia de comunicación a fiscalía de menores.
- Diligencia de antecedentes.
- Diligencia de situación administrativa.
- Diligencia de personación de letrado y posterior toma de declaración.
- Diligencia de citación (telefónica).
- Diligencia de comisión.

- Diligencia de instrucción de derechos al perjudicado.
- Diligencia de omisión involuntaria.
- Diligencia de error involuntario.
- Diligencia de entrega de efectos intervenidos.
- Diligencia ingresando dinero intervenido.
- Diligencia de consulta informática.
- Diligencia de ingreso en calabazos.
- Diligencia de puesta en libertad.
- Diligencia de traspaso.
- Diligencia de aceptación.
- Diligencia de traspaso y aceptación.
- Diligencia de solicitud de habeas corpus.
- Diligencia de citación para juicio rápido.

5. SUBSANACION ERROR DURANTE REDACCIÓN.

Durante la redacción cometemos algún error u omitimos algún dato. No podrá subsanarse ni por tachaduras, raspaduras u otras alteraciones. Tendremos que corregirlo mediante una pequeña diligencia.

6. DILIGENCIAS DE EFECTOS INTERVENIDOS O RECUPERADOS.

En ocasiones, no es necesario que los efectos intervenidos se remitan a la Autoridad Judicial. Se hace entrega de ese/esos efectos intervenidos a sus propietarios en calidad de depósito.

Se advierte que están a disposición de la autoridad judicial y que no se puede realizar ningún acto de disposición sobre ellos (venta, alquiler…) si no es con autorización judicial.

Este acto quedará reflejado en el atestado mediante la inclusión en el mismo de una diligencia de entrega de efectos intervenidos, realizándose la entrega misma en Acta aparte.

7. TRASPASO Y ACEPTACIÓN DE ACTUACIONES DILIGENCIALES.

Como hemos visto hasta el momento, el atestado es una unidad de actuaciones, debidamente diligenciadas, de forma cronológica y con un método de dirección por una Unidad Instructora. Con el fin de que estas diligencias tengan un comienzo y un fin (mínimo tiempo necesario), se tiene previsto el traspaso y aceptación de actuaciones diligenciales.

Dicho traspaso se puede realizar:

- **INTERNO**, del mismo cuerpo, turno o servicio.
- **EXTERNO**, de otro cuerpo distinto.
- **ESPECIALIZADO**, a la unidad de policía judicial que proceda, llegado el caso.

Por tanto, dicha práctica se divide en dos diligencias (fases):

- **TRASPASO,** de la unidad saliente a la entrante. Se extiende por la Unidad Saliente (firman ambos).
- **ACEPTACIÓN,** de la unidad saliente a la entrante. Se extiende por la Unidad Saliente (firman ambos).

Continuando las diligencias por aquella Unidad Instructora que las hubiera aceptado.

La responsabilidad se acepta implícita en las diligencias de aceptación, debiendo supervisor, aún de manera somera, las diligencias hasta el momento practicadas.

8. LAS DILIGENCIA PARA LAS PRACTICAS POSTERIORES (DE TRAMITE POSTERIOR).

Estas diligencias sirven para proceder con la actuación, son aquellas diligencias que la Unidad Instructora (el Instructor), dice que faltan por practicar, bien por falta de tiempo o por no haber podido practicarlas.

De ellas hay que tener en cuenta que, en estas diligencias se hará constar todo lo que no se ha podido practicar por la unidad actuante o instructora, ejemplo: identificar testigo o localizarlo, identificar ofendido o perjudicado o practicar alguna diligencia concreta etc.

9. DILIGENCIA DE REMISIÓN.

Es la última diligencia del atestado y contiene los datos más esenciales del mismo: la autoridad a la que se remite, hora y fecha de terminación, folios de que consta, nombre y apellidos de los detenidos que pasan a disposición judicial, enumeración y descripción de las actas y efectos que se acompañan y cualquier otro extremo que pueda ser importante, debiéndose hacer constar en esta diligencia el hecho de la conclusión del atestado y su remisión a la Autoridad Judicial.

Si hubiera de redactarse un segundo atestado a continuación de otro ya enviado, en el último se hará constar que es ampliatorio del anterior, al objeto de que sea incorporado en el Juzgado al procedimiento que sobre los hechos se haya abierto.

Destacaremos:

- **ÚLTIMA DILIGENCIA DEL ATESTADO**.
- **CONTIENE UN RESUMEN** de todas las demás y, por ello, la que sirve al Juzgado para tomar conocimiento de las mismas.
- **DEBERÁ FIGURAR**: hora y fecha de terminación, folios de que consta, autoridad a la que se remite, detenidos que son pasados a disposición judicial o de otro Cuerpo o bien estado en el que quedan (libertad), efectos, instrumentos o pruebas del delito que se hayan intervenido, cualquiera otra circunstancia de interés que se quiera hacer constar.
- **CONSTAR ENTREGA**. Si se entregan las diligencias a otro cuerpo policial distinto al propio, policía local entrega a policía nacional, dicho extremo deberá constar en dicha diligencia, aunque se hubiera practicado la diligencia de traspaso y aceptación.

10. EJEMPLOS DE DILIGENCIAS DE TRAMITE (EN BLANCO).

DILIGENCIA NOMBRAMIENTO SECRETARIO:-.- Se extiende para hacer constar que actuará en funciones de Secretario en la instrucción del

presente Atestado el funcionario del Cuerpo de la Policía Local, con categoría de <categoría>, provisto de carné profesional <número>. CONSTE Y CERTIFICO.- ----------------------------
-

SECRETARIO

(Es la única firma que debe constar)

DILIGENCIA IDENTIFICACION PERSONAS IMPLICADAS: -.-Se extiende la presente, siendo las HORAS del día FECHA, en las Dependencias Policiales por la Unidad Instructora CATEGORIA Y NUMERO, actuando como Instructor y Secretario, para HACER CONSTAR:---------------------------
-.-RELACION CON EL HECHO (OFENDIDO-PERJUDICADO/TESTIGO ETC) Y FILIACION COMPLETA DE LA IDENTIFICADO.--
-.-Y Para que así conste se extiende y firma por la Unidad Instructora. CONSTE Y CERTIFICO.---
----

SECRETARIO

(Es la única firma que debe constar)

DILIGENCIA ADJUNTANDO ACTA-COMPARECENCIA ANTE FUNCIONARIADO POLICIAL DE LA PERSONA (DENUNCIANTE/TESTIGO/POLICIAS/OTRAS):-.- Se extiende la presente, siendo las HORAS del día FECHA, en las Dependencias Policiales por la Unidad Instructora CATEGORIA Y NUMERO, actuando como Instructor y Secretario, para HACER CONSTAR:--------------------------- -.-Que, en el lugar de los hechos, se procedió a levantar ACTA de toma de manifestación de *, adjuntándola a las presentes, ratificándose en lo manifestado y firmando junto a la Unidad Actuante en la misma identificada.---.-La que se extiende y firma por el Secretario. CONSTE Y CERTIFICO.-----
-

SECRETARIO

(Es la única firma que debe constar)

DILIGENCIA DE IDENTIFICACIÓN DE LA PERSONA TESTIGO/ OFENDIDA O PERJUDICADA:-.- Se extiende la presente, siendo las

HORAS del día FECHA, en las Dependencias Policiales por la Unidad Instructora CATEGORIA Y NUMERO, actuando como Instructor y Secretario, para HACER CONSTAR:---
--.-La identificación de la persona QUE FUE TESTIGO/PERJUDICADA de los hechos descritos con anterioridad, siendo la identificación, según datos obtenidos del DNI DNI (DOUMENTO QUE SIRVE PARA SU IDENTIFICACION:---
-.- Nombre: , apellidos: , Documento Nacional de Identidad número: , nacido en   , provincia de   , cuya fecha de nacimiento es   , hija o hijo de   y   , con domicilio actual es en la población   , de provincia de   , en la C/Pza/Avda.   y teléfono número   , en calidad de   .----------------
-------- -.-Y para que así conste se firma por la Unidad Instructora. CONSTE Y CERTIFICO.---

SECRETARIO

(Es la única firma que debe constar)

DILIGENCIA DE OMISIÓN INVOLUNTARIA O SALVANDO EL ERROR. Se extiende la presente siendo las XX horas y XX minutos del día XX de enero PARA HACER CONSTA:--
------
-.-Que, por omisión involuntaria, no se ha hecho constar en la diligencia........., que (motivo o dato que se ha omitido). ------------------------
-.-La que es firmada por el Secretario. CONSTE Y CERTIFICO.----------------

SECRETARIO

(Es la única firma que debe constar)

DILIGENCIA CONSULTA VEHICULO.- Para hacer constar, que consultado en el Servicio de Informática de La Dirección General de la <Policía / Guardia Civil>, si el vehículo con matrícula <matrícula> se encuentra sustraído, así como la identidad de su titular, contestan:--------------
---------------.-Que dicho vehículo < no / sí > figura sustraído. < En caso afirmativo, consignar fecha, lugar sustracción y denuncia, número de Atestado y Autoridad Judicial que se remitió, datos del titular o denunciante, circunstancias interés policial.--
----
- -.-La que es firmada por el Secretario. CONSTE Y CERTIFICO.-------------

SECRETARIO

(Es la única firma que debe constar)

DILIGENCIA DE TRASLADO PARA IDENTIFICACION.- Se extiende para hacer constar que siendo las <Hora y minutos en notación escrita> del día <de hoy/o fecha en notación escrita> el Instructor dispone que por los funcionarios con carnés profesionales números   y   , se traslade a los Servicios de Identificación y Reseña Policial de la <Jefatura Superior de Policía de / Comisaría del CNP de / Cuartel de la Guardia Civil de >a la persona presentada <indocumentada / que   niega identificarse>, al solo efecto de determinar su identidad. --------------.-Se acompaña Oficio de puesta a disposición, con registro de salida número <Número en dígitos>.------------- ----.-De lo que como Secretario, CERTIFICO--- ---

SECRETARIO

(Es la única firma que debe constar)

DILIGENCIA DE OBJETOS PERSONALES QUE PORTABA LA PERSONA DETENIDA EN EL MOMENTO DE LA DETENCIÓN:-.- Se extiende la presente, siendo las HORAS del día FECHA, en las Dependencias Policiales por la Unidad Instructora CATEGORIA Y NUMERO, actuando como Instructor y Secretario, para HACER CONSTAR:-------------------------- -.-Que en fecha   , la persona detenida , portaba los siguientes objetos en el momento de su detención:------------------ ---   -.-OBJETOS   PERSONALES (DETALLAR).-- -.-Los objetos descritos son ensobrados y entregados en LUGAR, para su custodia y posterior entrega a la persona detenida.--------------------------------- -.- Y para que así conste se firma la presente por la Unidad Instructora y actuante. CONSTE Y CERTIFICO.---

SECRETARIO

(Es la única firma que debe constar)

DILIGENCIA DE OBJETOS OCPADADOS QUE PORTABA LA PERSONA DETENIDA EN EL MOMENTO DE LA DETENCIÓN:-.- Se extiende la presente, siendo las HORAS del día FECHA, en las Dependencias Policiales por la Unidad Instructora CATEGORIA Y

NUMERO, actuando como Instructor y Secretario, para HACER CONSTAR:----------------------------.-Que en fecha   , la persona detenida , portaba los siguientes objetos ocupados, desconociéndose su procedencia en el momento de su detención:--- -.-OBJETOS OCUPADOS (DETALLAR).---
--.-Los objetos descritos son ensobrados y entregados en LUGAR, para su custodia y posterior entrega a la persona detenida.-------------------------------- -.- Y para que así conste se firma la presente por la Unidad Instructora y actuante. CONSTE Y CERTIFICO.-----
----

SECRETARIO

(Es la única firma que debe constar)

DILIGENCIA DE OBJETOS E INTRUMENTOS PARA PERPRETAR EL DELITO:-.- Se extiende la presente, siendo las HORAS del día FECHA, en las Dependencias Policiales por la Unidad Instructora CATEGORIA Y NUMERO, actuando como Instructor y Secretario, para HACER CONSTAR:- -.-Que en fecha   , son ocupados a la persona detenida (NOMBRE Y APELLIDOS), portaba los siguientes objetos e instrumentos utilizados para la comisión del hechos delictivo, en el momento de su detención:--------------------.- OBJETOS E INTRUMENTOS PARA PERPRETAR EL DELITO (DETALLAR).---
--.-Los objetos descritos son ensobrados y entregados en (LUGAR), para su custodia y posterior puesta a disposición judicial.----------------------------------- -.- Y para que así conste se firma la presente por la Unidad Instructora y actuante. CONSTE Y CERTIFICO.-----
----

S

SECRETARIO

(Es la única firma que debe constar)

DILIGENCIA DE OBJETOS DEL DELITO/RECUPERADOS:-.- Se extiende la presente, siendo las HORAS del día FECHA, en las Dependencias Policiales por la Unidad Instructora CATEGORIA Y NUMERO, actuando como Instructor y Secretario, para HACER CONSTAR:--------------------------
-.-Que en fecha   , son ocupados a la persona detenida (NOMBRE Y APELLIDOS), portaba los siguientes objetos en el momento de su detención:- -.-OBJETOS DEL DELITO/RECUPERADOS (DETALLAR).-
-------------- -.-Los objetos descritos son ensobrados y entregados en LUGAR, para su custodia y posterior puesta a disposición judicial.--------------

-----------------------.-Y para que así conste se firma la presente por la Unidad Instructora y actuante. CONSTE Y CERTIFICO.----------------------------------
----

SECRETARIO
(Es la única firma que debe constar)

DILIGENCIA DE ENTREGA DE EFECTOS INTERVENIDOS. Se extiende siendo las XX horas del XX de enero PARA HACER CONSTAR:---
-.-Por la Unidad Instructora, se dispone que los efectos intervenidos al detenido NOMBRE+ APELLIDOS, sean devueltos a su propietario NOMBRE+APELLIDOS advirtiendo al propietario de los mismos, que estos efectos se le entregan en calidad de depósito, estando los mismos a disposición de la Autoridad Judicial, no pudiendo llevar a cabo actos de disposición de ellos, sin la previa autorización judicial, materializándose (en la presenta diligencia que es firmada por el identificado o en acta aparte que se adjunta a las presentes.---- -.-La que es firmada por el Secretario. CONSTE Y CERTIFICO.--------------

SECRETARIO
(Es la única firma que debe constar)

DILIGENCIA DE TRASPASO. Se extiende la presente siendo las XX horas XX minutos del día XX de enero para HACER CONSTAR:---------------------
-.-Que en este estado las presentes, el. Instructor dispone, que el presente atestado sea remitido al GRUPO O UNIDAD AL QUE SE REMITEN, a fin de que, por funcionarios adscritos al mismo, se continúe con su instrucción---
-

-.-La que es firmada por el Secretario. CONSTE Y CERTIFICO.----------------

SECRETARIO
(Es la única firma que debe constar)

DILIGENCIA DE TRASPASO. Se extiende la presente siendo las XX horas XX minutos del día XX de enero para HACER CONSTAR:---------------------
-.-Que en este estado las presentes, el. Instructor dispone, que las mismas sean traspasadas para su continuación a los funcionarios del turno de guardia

entrante.---

-.-La que es firmada por el Secretario. CONSTE Y CERTIFICO.----------------

SECRETARIO

(Es la única firma que debe constar)

DILIGENCIA DE ACEPTACIÓN. Se extiende la presente, siendo las XX horas XX minutos del día XX de enero, para HACER CONSTAR:-------------

-.-Que, a partir de este momento, se hacen cargo de la Instrucción del presente atestado los funcionarios del mismo cuerpo, y pertenecientes al turno entrante inspector con carné profesional número XX, y agente con carné profesional número XX, actuando en calidad de Instructor y Secretario respectivamente para la práctica de las presentes.------------------------------------

----

-.-La que es firmada por el Secretario. CONSTE Y CERTIFICO.----------------

SECRETARIO

(Es la única firma que debe constar)

DILIGENCIA DE TRASPASO Y ACEPTACIÓN. Se extiende la presente, siendo las XX horas XX minutos del día cuatro de XX, para HACER CONSTAR:---

-.-Que el Instructor dispone que las presentes diligencias sean traspasadas a los funcionarios del turno entrante para su continuación; haciéndose cargo desde este momento el Inspector con carné profesional número XX, y el agente con carné profesional número XX, los cuales actuarán en calidad de Instructor y Secretario respectivamente para la práctica de las presentes; firmando los mismos en prueba de conformidad.------------------------------------

----

-.-La que es firmada por el Secretario. CONSTE Y CERTIFICO.----------------

SECRETARIO

(Es la única firma que debe constar)

NOTA. La responsabilidad se acepta implícita en las diligencias de aceptación, debiendo supervisor, aún de manera somera, las diligencias hasta el momento practicadas.

DILIGENCIA DE INFORMACIÓN DE DERECHOS AL DETENIDO: Se extiende la presente siendo las doce horas del cuatro de enero POR LA Unidad Instructora que consta en las presentes, para HACER CONSTAR:--------------------.-Que el Instructor dispone que el/ los detenidos NOMBRE+ APELLIDOS, sea/n informados de sus derechos, de nuevo y por escrito, de conformidad con lo dispuesto en el artículo 520 de la Ley de Enjuiciamiento Criminal; realizándose en Acta aparte que se adjuntará al cuerpo de las presentes mediante la oportuna acta.

-.-La que es firmada por el Secretario. CONSTE Y CERTIFICO.----------------

SECRETARIO

(Es la única firma que debe constar)

NOTA. Esta información de derechos al detenido se materializa en acta aparte mediante un modelo normalizado, que se adjunta al atestado y en el caso de que el detenido no sepa o no quiera firmar esta acta se redactará una diligencia haciendo constar tal extremo

DILIGENCIA DE NEGATIVA A LA FIRMA DE LOS DERECHOS: Se extiende la presente por la Unidad Instructora que consta en las presentes, siendo las doce horas y quince minutos del cuatro de enero para HACER CONSTAR: que el detenido se niega a firmar la presente Acta sin alegar motivo alguno, o argumentando que "SE PO NE TEXTUALMENTE LO QUE DICE".---.-La que es firmada por el Secretario. CONSTE Y CERTIFICO.----------------

SECRETARIO

(Es la única firma que ha de constar)

NOTA. Tras la información de derechos recogidos en el art 520 LECRIM, se tendrá que dar cumplimiento de todos aquellos que el detenido ha manifestado en el Acta querer ejercitar.

DERECHO A SER ASISTIDO POR ABOGADO que designe o que, en otro caso, se le proporcione de oficio, en las declaraciones o diligencias que se practiquen relacionadas con el motivo de su detención.

DILIGENCIA DE COMUNICACIÓN AL COLEGIO DE ABOGADOS: -

-.-Se extiende la presente siendo las doce horas y veinte minutos del cuatro de enero, por la Unidad Instructora para HACER CONSTAR:----------------------

-.-Que el Instructor dispone que se comunique al Colegio de Abogados la detención de NOMBRE + APELLIDOS, así como que el mismo designa como abogado particular para que le asista a NOMBRE + APELLIDOS + NUMERO DE COLEGIADO; lo cual se materializa mediante telefonema registrado con el número 000/XX.--

-.-Y es firmada por el Secretario. CONSTE Y CERTIFICO.----------------------

SECRETARIO

(Es la única firma que ha de constar)

DILIGENCIA DE COMUNICACIÓN AL COLEGIO DE ABOGADOS:-

--.-Se extiende la presente siendo las doce horas y veinte minutos del cuatro de enero para HACER CONSTAR:--

-.-Que el Instructor dispone que se comunique al Colegio de Abogados la detención de NOMBRE + APELLIDOS, así como se solicite abogado de oficio para que asista al mismo, siendo designado por dicho colegio NOMBRE + APELLIDOS + NUMERO DE COLEGIADO; lo cual se materializa mediante telefonema registrado con el número 000/XX.

-.-Firma el Secretario. CONSTE Y CERTIFICO.------------------------------------

-

SECRETARIO

(Es la única firma que ha de constar)

DERECHO COMUNICAR DETENCIÓN Y LUGAR.

- Designar la persona a la que desee poner en conocimiento el hecho de su detención y el lugar de custodia.

- De ser extranjero, tiene derecho a que esta comunicación se realice a la Oficina Consular y a ser asistido gratuitamente por intérprete: Esta comunicación a la persona designada por el detenido podrá realizarse de dos formas:

DILIGENCIA COMUNICADO CONSULADO:.-- Se extiende a las + de fecha +, para HACER CONSTAR:--

-.-Que la detención de D. /Dª. < Nombre > < 1ER. APELLIDO > < 2º

APELLIDO > de nacionalidad < Nacionalidad >, es comunicada al Consulado de <su país / o representante>, en < Localidad >, < Teléfono > quedando dicha llamada registrada en el Libro Registro Oficial de Telefonemas de esta dependencia con el número < Número en notación escrita >.--------------------

-.- Firmada por el secretario. CONSTE Y CERTIFICO.-------------------------

SECRETARIO

(Es la única firma que ha de constar)

DILIGENCIA DE COMUNICACIÓN A PERSONA DESIGNADA (VÍA TELEFÓNICA):-.-Se extiende la presente siendo las doce horas y treinta minutos del cuatro de enero PARA HACER CONSTAR:-----------------------

-

-.-El Instructor dispone que se comunique la detención y el lugar de custodia del detenido NOMBRE + APELLIDOS, a la persona por él designada, NOMBRE + APELLIDOS con domicilio en la calle Pereda número 8, 4º izquierda y con teléfono número XX; lo cual se materializa mediante telefonema con el número 000/XX en el Libro Registro de telefonemas.-------
-----------------.-Firmada por el Secretario. CONSTE Y CERTIFICO

SECRETARIO

(Es la única firma que ha de constar)

DILIGENCIA DE COMISION PARA COMUNICACIÓN A PERSONA DESIGNADA (EN PERSONA):-.-Se extiende la presente siendo las doce horas y treinta minutos del cuatro de enero PARA HACER CONSTAR:-------
-.-El Instructor dispone que los funcionarios policiales con carné profesionales números XX y XX, se trasladen al domicilio de la persona designada por el detenido NOMBRE+ APELLIDOS sito en la calle Cádiz número 8, 3º izquierda a fin de que le comuniquen el hecho de la detención y el lugar de custodia del detenido NOMBRE + APELLIDOS.---------------------
--------------.-Firmada por el Secretario. CONSTE Y CERTIFICO.-------------
----

SECRETARIO

(Es la única firma que ha de constar)

DILIGENCIA DE RECONOCIMIENTO MÉDICO:-.-Se extiende la

presente siendo las trece horas del cuatro de enero PARA HACER CONSTAR:--
-.-El Instructor dispone que, dando cumplimiento a lo expresado por el detenido NOMBRE + APELLIDOS en su Acta de información de Derechos, sea trasladado al Servicio de Urgencias del Hospital.............para ser asistido facultativamente, extendiéndose el pertinente PARTE FACULTATIVO a favor del mismo que se adjunta al cuerpo de las presentes.--------------------------.-Firmada por mi como Secretario. CONSTE Y CERTIFICO.-------------------

SECRETARIO

(Es la única firma que ha de constar)

DILIGENCIA ASISTENCIA FACULTATIVA PERSONA DETENIDA:-.- Se extiende la presente, siendo las HORAS del día FECHA, en las Dependencias Policiales por la Unidad Instructora CATEGORIA Y NUMERO, actuando como Instructor y Secretario, para HACER CONSTAR:- -.-Siendo las (HORA) de fecha (PERSONACION) se procede por la Unidad Policial compuesta por (CATEGORIA Y NUMERO) al traslado de la persona detenida (NOMBRE Y APELLIDOS) al Centro de Sanitario (CITAR LUGAR Y POBLACION) para su debida asistencia facultativa.-------------------------------------.-Se adjunta a las presentes hoja de asistencia sanitaria extendida al efecto por los facultativos del centro.------------
--- -.-Y para que así conste se extiende y firma por el Secretario. CONSTE Y CERTIFICO.--------------------
----

SECRETARIO

(Es la única firma que ha de constar)

DILIGENCIA DE TRASLADO PERSONA DETENIDA:-.- Se extiende la presente, siendo las HORAS del día FECHA, en las Dependencias Policiales por la Unidad Instructora CATEGORIA Y NUMERO, actuando como Instructor y Secretario, para HACER CONSTAR --------------------------------
--.-Que el Instructor siendo las + horas de fecha +, ordena que se procede al traslado de la persona detenida D/Dña.(NOMBRE Y APELLIDAS/DNI), al (DEPENDENCIA POLICIAL), para su custodia, depósito y puesta a disposición Judicial.---
-.-Que dicho traslado lo realizan los funcionarios policiales (CATEGORIA Y

NUMERO), con el vehículo policial (MATRICULA O INDICATIVO).-------
--- -.-La que se extiende y firma por el Secretario. CONSTE Y CERTIFICO.--

SECRETARIO
(Es la única firma que ha de constar)

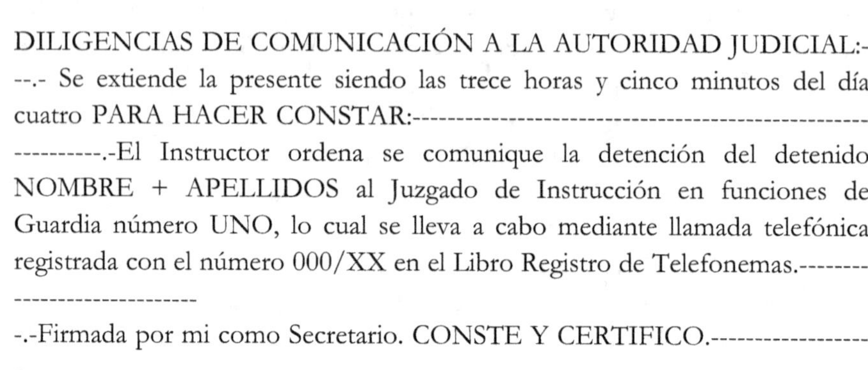

DILIGENCIAS DE COMUNICACIÓN A LA AUTORIDAD JUDICIAL:----.- Se extiende la presente siendo las trece horas y cinco minutos del día cuatro PARA HACER CONSTAR:--.-El Instructor ordena se comunique la detención del detenido NOMBRE + APELLIDOS al Juzgado de Instrucción en funciones de Guardia número UNO, lo cual se lleva a cabo mediante llamada telefónica registrada con el número 000/XX en el Libro Registro de Telefonemas.----------------------------

-.-Firmada por mi como Secretario. CONSTE Y CERTIFICO.------------------
-

SECRETARIO
(Es la única firma que ha de constar)

NOTA: La siguiente diligencia se realizaría en el caso de que el detenido fuera menor (es decir, menores con edad de entre 14 y 18 años) en las que se hace necesaria la comunicación al fiscal de menores del hecho de la detención.

DILIGENCIA DE COMUNICACIÓN A FISCALIA DE MENORES:-.-Se extiende la presente siendo las trece horas y cinco minutos del día XX PARA HACER CONSTAR:---
-.-Que el Instructor ordena que se comunique la detención del menor NOMBRE + APELLIDOS a la Fiscalía de Menores de XXXXX, lo cual se lleva a cabo mediante llamada telefónica registrada con el número 001/XX en el Libro Registro de Telefonemas.--
-.-Es firmada por el Secretario. CONSTE Y CERTIFICO

SECRETARIO
(Es la única firma que ha de constar)

DILIGENCIA AVISO INTERPRETE.- .-Se extiende la presente siendo las XX horas y XX minutos del día XX de enero, para HACER CONSTAR:------

-.-Que se procede a solicitar la presencia de un INTÉRPRETE de < Lengua > en esta dependencia policial al < Consulado / Escuela de Idiomas / Estamento oficial / Particular >, a fin de proceder a oír en declaración al detenido, D. /Dª. < Nombre > < 1ER. APELLIDO > < 2º APELLIDO >, quedando dicha comunicación registrada en el libro oficial de telefonemas de esta dependencia con el número < Número en notación escrita >. --------------------------------------.-Y para que así conste se firma por el Secretario.CONSTE Y CERTIFICO.—

SECRETARIO

(Es la única firma que ha de constar)

DILIGENCIA DE ANTECEDENTES:-.-Se extiende la presente siendo las XX horas y XX minutos del día XX de enero, para HACER CONSTAR:------ -.-Consultados los Servicios de GC/CNP, se ha podido comprobar que con los datos de filiación del detenido NOMBRE + APELLIDOS, con Documento Nacional de Identidad número................, nacido en............ el ...., hijo de ....y con domicilio en la calle................ de la ciudad de...   el mismo carece de antecedentes.---.-Se firma por el Secretario.CONSTE Y CERTIFICO.----------------------------

SECRETARIO

(Es la única firma que ha de constar)

DILIGENCIA DE GESTIONES PENDIENTES: :-.-Se extiende la presente, siendo las HORAS del día FECHA, en las Dependencias Policiales por la Unidad Instructora CATEGORIA Y NUMERO, actuando como Instructor y Secretario, para HACER CONSTAR:------------------------------------ ----------------.-Esta Unidad Instructora entiende que falta realizar las siguientes gestiones ulteriores, por realizar.-- -------------.-GESTION Y MOTIVO.-- -------------

EN EL CASO DE QUE SEAMOS NOSOTROS, LAS QUE VAYAN A PRACTICARLAS.

-.-En el caso de que se realizaran las mismas, entendiendo estas como diligencias no urgentes, con el fin de evitar el retraso de la remisión del Cuerpo Diligencial y una vez cumplimentadas, se remitirán a su Señoría como diligencias ampliatorias, dando cuenta de su debido resultado.-----

EN EL CASO QUE SEA OTRA UNIDAD O CUERPO.

-.-NO se han podido practicar las citadas gestiones por esta Unidad Instructora, con el fin de evitar retraso en la entrega de las presentes junto con la persona detenida.---
---------------.-Y para que así conste se firma la presente por la Unidad Instructora. CONSTE Y CERTIFICO.---
----

SECRETARIO

(Es la única firma que ha de constar)

DILIGENCIA DE DOCUMENTOS ADJUNTOS:- -:-.-Se extiende la presente, siendo las HORAS del día FECHA, en las Dependencias Policiales por la Unidad Instructora CATEGORIA Y NUMERO, actuando como Instructor y Secretario, para HACER CONSTAR:------------------------------------
-.-Que los documentos adjuntos a las presentes son:RELACION DETELLADA DE LOS DOCUMENTOS.---
-.-La que se extiende y firma por el Secretario. CONSTE Y CERTIFICO.-----
-

SECRETARIO

(Es la única firma que ha de constar)
DILIGENCIA DE ACTUACIONES POLICIALES ANTERIORES:-.-Se extiende la presente siendo las XX horas y XX minutos del día XX de enero, para HACER CONSTAR:---
-.-Consultada la base de datos del programa NOMBRE DEL PROGRAMA, legalmente habilitado en este Cuerpo, se ha podido comprobar que con los datos de filiación del detenido NOMBRE + APELLIDOS, con Documento Nacional de Identidad número................, nacido en............ el ...., hijo de ....y con domicilio en la calle............... de la ciudad de... al mismo le constar las siguientes actuaciones policiales que pudieran resultar de interés en el caso que nos ocupa (ejemplo un viogen):-------------------------------
-----------.-REGISTRO *. FECH Y HORA*. MOTIVO: Llamada por escándalos y gritos en el interior de la Vivienda sita en *. RESULTADO POLICIAL: Mujer refiere discusión sin agresión física ni verbal.....-------------
----

-.-SE EXTENDERÍAN TANTAS COMO EXISTIERAN.----------------------

-.-Se firma por el Secretario.CONSTE Y CERTIFICO.----------------------------
-

SECRETARIO

(Es la única firma que ha de constar)

NOTA: Las policías locales, como primera policía respondedora y próxima a la ciudadanía, puede nutrir de datos propios el atestado policial, por hechos que fueren en relación u ocasión a los que dieren motive a la instrucción del atestado.

DILIGENCIA DE CITACIÓN (TELEFÓNICA). Se extiende la presente siendo las XX horas del XX de enero para HACER CONSTAR: ----------------
-.-El Instructor dispone que se cite al testigo o víctima NOMBRE + APELLIDOS en estas dependencias policiales, para que se persone y así (motivo), lo cual se materializa mediante llamada telefónica registrada en el Libro Registro de Telefonemas con el número.--
-.-Se firma por el Secretario.CONSTE Y CERTIFICO.----------------------------
-

SECRETARIO

(Es la única firma que ha de constar)

DILIGENCIA DE COMISIÓN. Se extiende la presente siendo las XX horas del día XX de enero para HACER CONSTAR:--
-.-El Instructor dispone que se comisione al funcionario con carné profesional número XX al objeto de que se persone en el domicilio de la víctima/ testigo NOMBRE + APELLIDOS, sito en la calle Tetuán, número 39, 4° izquierda, para citarle a comparecer en estas dependencias policiales (u otro motivo).-----
-.-Se firma por el Secretario.CONSTE Y CERTIFICO.----------------------------
-

SECRETARIO

(Es la única firma que ha de constar)

DILIGENCIA DE INSTRUCCIÓN DE DERECHOS AL PERJUDICADO. Se extiende la presente siendo las XX horas y XX minutos del cuatro de enero, para HACER CONSTAR:--

----

-.-Que una vez personado en estas dependencias la víctima DATOS DE FILIACIÓN el Instructor dispone que se realice el ofrecimiento de acciones al mismo, en virtud de lo dispuesto en los artículos 789.4, 109 y 110 de la Ley de Enjuiciamiento Criminal; realizándose en Acta aparte que se adjuntará al cuerpo de las presentes.--

----

-.-Se firma por el Secretario.CONSTE Y CERTIFICO.----------------------------

-

SECRETARIO

(Es la única firma que ha de constar)

DILIGENCIA DE INSTRUCCIÓN DE DERECHOS A VÍCTIMAS POR DELITOS VIOLENTOS O SEXUALES:-.-Se extiende la presente siendo las XX horas y XX minutos del cuatro de enero, para HACER CONSTAR:-------

-

-.-Que el Instructor dispone que Don NOMBRE+ APELLIDOS sea instruido en los derechos que le asisten como perjudicado u ofendido por el delito objeto del presente Atestado, en virtud de lo dispuesto por los artículos 789.4,109 y 110 de la Ley de Enjuiciamiento Criminal y de la Ley 35/95; realizándose en Acta aparte que se adjuntará al Cuerpo de las presentes.--------

----------------------.-Se firma por el Secretario.CONSTE Y CERTIFICO.--------

----

SECRETARIO

(Es la única firma que ha de constar)

NOTA: Al igual que en el supuesto de información de derechos al detenido, la información de derechos al perjudicado se realiza mediante Acta aparte

NOTA. Si bien hay un tema específico para tartar el procedimiento de HABEAS CORPUS, adelantar unas diligencias como ejemplo de proceder.

DILIGENCIA DISPONIENDO TOMA DECLARACION:-.- Se extiende la presente siendo las XX horas XX minutos del día XX de enero, para HACER CONSTAR:---

-.-Que siendo las <Hora y minutos en notación escrita> del día <de hoy / o fecha en notación escrita>, y personado en esta dependencia policial el Sr.

Letrado del Ilustre Colegio de Abogados de < Localidad >, < del turno de oficio / designado por el detenido >, D. /Dª. < Nombre > < 1ER. APELLIDO > < 2º APELLIDO >, colegiado número   , el Instructor dispone se proceda a oír en declaración al/la detenido/a D./Dª. < Nombre > < 1ER. APELLIDO > < 2º APELLIDO >; lo que se efectúa en Acta por separado que se adjunta a las presentes.--
-.-Se firma por el Secretario.CONSTE Y CERTIFICO.----------------------------
-

SECRETARIO
(Es la única firma que ha de constar)

DILIGENCIA PUESTA EN LIBERTAD.- Se extiende la presente siendo las XX horas XX minutos del día XX de enero, para HACER CONSTAR:--------
--.-Que, el Instructor dispone la puesta en libertad de D. /Dª. < Nombre > < 1ER. APELLIDO > < 2º APELLIDO >, una vez oída su declaración, ya que < En su caso, carece de antecedentes>, los hechos que se le imputan no se consideran <de gravedad / no revisten carácter de delito>, tiene domicilio conocido y ofrece fianza suficiente de no sustraerse a la acción de la Justicia, abandonando estas dependencias a las <horas y minutos en letra/ de hoy/o fecha en letra> El reseñado es advertido de la obligación que tiene de comparecer ante la Autoridad Judicial, cuando para ello se citado.- - - - - - - - -
-.-Firman la presente el Instructor, el Letrado y el detenido, de lo que como Secretario CERTIFICO.--

Firman todos, aún siendo de trámite /al cerrar las diligencias

DILIGENCIA DE SOLICITUD DE HABEAS CORPUS. Se extiende la presente siendo las XX horas XX minutos del día XX de enero, para HACER CONSTAR:--
-.-Que el detenido NOMBRE Y APELLIDOS, cuyos restantes datos de filiación ya constan en ( ) y que lo está por un presunto delito de (   ), ha manifestado ante esta instrucción que su detención es ilegal, alegando que (MOTIVO DE LA DETENCIÓN ILEGAL ALEGADO POR EL DETENIDO); por lo que el Instructor dispone que esto sea puesto en conocimiento, de forma inmediata, del Ilmo. Sr. Magistrado Juez, de Instrucción en funciones de guardia, tal y como establece la L.O. 6/84, lo cual se lleva a efecto mediante llamada telefónica, registrada con el número (   ) en el Libro Registro de Telefonemas de esta dependencia----------------------------

-.-Se firma por el Secretario.CONSTE Y CERTIFICO.------------------------------

-

SECRETARIO
(Es la única firma que ha de constar)

DILIGENCIA DE TRASPASO ACTUACIÓN POLICIAL A GUARDIA CIVIL/POLICIA NACIONAL Se extiende la presente, siendo las HORAS del día FECHA, en las Dependencias Policiales por la Unidad Instructora CATEGORIA Y NUMERO, actuando como Instructor y Secretario, para HACER CONSTAR:--
-.-Por lo expuesto en las presentes diligencias y dado que se pudieran derivar la existencia de algún o algunos supuestos hechos delictivos, será dicho extremo, el que deberá comprobarse por los servicios de investigación o policía judicial de la Guardia Civil/Policía Nacional, por el siguiente motivo:---
------------------ -.-A petición de la citada Unidad en fecha +, según (LLAMADA, PETICIÓN VERBAL, ESCRITO ETC).--------------------------
--------------------------------------.-Que al traspasar las posibilidades/competencias del que suscribe (MOTIVAR).--
----------------------.-Es por ello que, no teniendo otras diligencias más urgentes que practicar, se adjuntan y remiten al Puesto Principal de la Guardia Civil en Alfafar (Valencia) para seguir las actuaciones que dieran lugar, poniendo a disposición los medios y recursos técnicos y humanos de esta policía local.-----
-------------------------- -.-La que se extiende y firma por el Secretario. CONSTE Y CERTIFICO.------

SECRETARIO
(Es la única firma que ha de constar)

RESEÑA DE DILIGENCIAS PRACTICADAS:-.- Se extiende la presente, siendo las HORAS del día FECHA, en las Dependencias Policiales por la Unidad Instructora CATEGORIA Y NUMERO, actuando como Instructor y Secretario, para HACER CONSTAR:--- -.- :(RELACION DE DILIGENCIAS PRACTICADAS).
-.-Las que componen el presente CUERPO DILIGENCIAL, cada una de ellas firma por el funcionariado de la policía local participante.--------------------
------- -.-Y Para que así conste se extiende y firma por la Unidad Instructora como actuante. CONSTE Y CERTIFICO.--
----

SECRETARIO

(Es la única firma que ha de constar)

DILIGENCIA DE REMISIÓN.- En las Dependencias de la Policía Local de , siendo las + horas de fecha +, se dan por concluidas las presentes diligencias que constan de una tapa y quince folios escritos por su anverso, no estimando necesaria la práctica de otras diligencias de carácter urgente, se dan por terminadas.--

-.-Las presentes son entregadas en el Cuartel de la Guardia Civil de X para que sean remitidas o entregadas al Juzgado de Instrucción en funciones de Guardia a cuya disposición pasa el detenido Roberto LAPIZ PAX, así como se entregan los siguientes OBJETOS:---
----

(RELACIONAR LOS OBJETOS DEL DELITO, DELINCUENTE O USADOS EN EL HECHO)
-.-Así como los siguientes documentos:---
-.-(RELACIONAR LOS DOCUMENTOS)
Se continúan gestiones para el total esclarecimiento de los hechos que, en caso de arrojar resultado positivo, se dará oportuna cuanta a esa Autoridad judicial.
(EN CASO DE NO HABER DETENCIONES)
-.-Se extiende y firma por la UNIDAD INSTRUCTORA.CONSTE Y CERTIFICIO.--

SECRETARIO

(Es la única firma que ha de constar)

DILIGENCIA DE ENTREGA Y RECEPCION PARA REMISIÓN:-.-
Siendo las ________ horas del día ___________, por orden del Instructor, los funcionarios (CATEGORIA Y NUMERO), entregan las presentes Diligencias de Prevención en (DEPENDENCIAS POLICIALES) de la (POBLACION)de.--------------------.-Que son recepcionadas por dicho puesto, tanto las diligencias para su posterior entrega a la autoridad Judicial.------------
- -.-La que se extiende y firma por la Unidad Receptora, junto a la que entrega (FIRMAs Y CUÑO).

SECRETARIO

(Es la única firma que ha de constar)

NOTA. - Es IMPORTANTE que conste en una diligencia de ENTREGA Y RECEPCIÓN, que quedan en custodia de GC o CNP, firmando dicho receptor.

NOTA. - Es IMPORTANTE que conste en una diligencia de ENTREGA Y RECEPCIÓN, que quedan en custodia de GC o CNP, firmando dicho receptor.

4
EL ACTA. EN EL ATESTADO.

1. ACTA. CONCEPTOS A DESTACAR.

El acta es el nombre que recibe un documento de carácter oficial, donde se extiende o informa un determinado acto o suceso. Este documento tiene carácter auténtico. El añadido policial, por su parte, es un adjetivo que hace referencia a lo vinculado a un cuerpo de seguridad.

En el **ACTA** se deja constancia de un acto o serie de actos realizados de forma oral, es decir, en que se «documenta» lo ocurrido. Es un documento en el que se refleja una actividad realizada oralmente.

En la LeCrim. podemos verla en los artículos 74, 77, 267, 520, 569, 626, 709, 743, 746, 793, 794, 815, y 972. Especial referencia a los 267 (denuncia), 520 (derechos del detenido).

Destacaremos lo citado en el artículo 267 LECRIM (DENUNCIA) Cuando la denuncia sea verbal, se extenderá un acta por la autoridad o funcionario que la recibiere, en la que, en forma de declaración, se expresarán cuantas noticias tenga el denunciante relativas al hecho denunciado y a sus circunstancias, firmándola ambos a continuación. Si el denunciante no pudiere firmar, lo hará otra persona a su ruego.

Mucho se ha escrito del ACTA, como documento que materializa lo ordenado por el Instructor en una diligencia, es importante que cuando el instructor ordena diligencia de lectura de derechos, dicha diligencia lleva aparejada la correspondiente acta de lectura de derechos y así sucesivamente.

Por ello debemos tener en cuenta:

- **DESDE UN PUNTO DE VISTA JURÍDICO** "la reseña hecha por escrito de modo fehaciente y auténtico de todo acto productor de efectos jurídico".
- **CONSTITUYEN** la materialización por escrito de un acto concreto, aislado del resto de los demás que se han podido realizar con motivo de la instrucción del atestado, al cual se unirá

posteriormente.

- **SE EXTIENDEN** independientemente del cuerpo del atestado, si bien están en íntima relación con este.
- **FIRMA DE LAS PARTES INTERVINIENTES.** Se deben firmar por las partes que intervienen en las mismas, en caso de negativa se debe hacer constar en diligencia explicita.

2. ACTAS DIFERENCIAS DESTACABLES. PUNTOS A DISTINGUIR.

Las actas tienen una diferencia del resto de los documentos del atestado, como son las diligencias, destacando:

- **VIDA PROPIA.** Se diferencia del resto de las comparecencias y diligencias. Estas tienen vida dentro del cuerpo del atestado, yendo sucesivamente unas detrás de otras.
- **SON INDEPENDIENTES.** El acta tiene vida independiente y es precisamente el carácter de independencia el que define el acta y que, a la vez, determina sus principales diferencias con respecto a cualquiera de las diligencias que conforman el atestado policial.
- **El OBJETO,** el funcionariado policial detalla un procedimiento, un hecho o algún tipo de acontecimiento vinculado a un posible acto punible, que forma parte del cuerpo diligencial.
- **EL ESPACIO,** lo habitual es que el acta policial se redacte en el lugar de los hechos para minimizar la posibilidad de que quede información fuera del documento. En algunos casos, sin embargo, el procedimiento se lleva a cabo en una oficina policial.
- **DEBEN SER:**

  ✓ **EXACTOS**. - Se basan en hechos, no en suposiciones o rumores.
  ✓ **IMPARCIALES**. -No incluyen opiniones.
  ✓ **EXHAUSTIVOS**, -Vuelcan toda la información obtenida

Puntos a distinguir:

- El documento de lo incorporado a él.

- De la declaración de voluntad.
- Declaración de conocimiento.
- Declaración de constancia que en él se documente

3. EL ACTA. DOCUMENTO COMPLETO. SU RELACIÓN CON EL ATESTADO

El acta es un escrito más completo que la simple diligencia, por lo que en la misma se harán constar:

- **LOCALIDAD** donde se extiende o dependencia policial.
- **LUGAR.** Donde la misma se lleva a cabo.
- **DÍA Y HORA** (INICIO Y FIN).
- **IDENTIDAD** de los funcionarios actuantes (categorías y carnés profesionales).
- **PARTICIPANTES Y TESTIGOS** presenciales, en su caso.
- **OTRAS CIRCUNSTANCIAS.** Cuantas acontezcan y guarden relación con su práctica

En cuanto a su relación con el atestado, cabe destacar:

- **ACOMPAÑA AL ATESTADO**, adjuntándose al mismo.
- **REFLEJAR EL NÚMERO Y CLASE DE LAS MISMAS** en la diligencia de remisión o por diligencia.
- **DEBE QUEDAR CONSTANCIA** de las actas cuya tramitación vaya acordando el instructor, en el propio cuerpo del atestado, en diferentes diligencias, lo cual permitirá una mejor apreciación en su conjunto de la actuación policial por parte de la Autoridad Judicial en orden a la investigación del hecho delictivo de que se trate

4. TIPOS DE ACTAS.

Las actas, como documento que se incorpora al atestado, no tienen una regulación en cuanto a su forma, existen actas abiertas, actas tipo, estampadas o prestablecidas etc.

Citemos:

- **ACTAS ABIERTAS**. Existen tantas clases de actas como variado pueda ser su contenido, siendo el contenido el que da el nombre al Acta, pudiendo citarse como más frecuentes: Acta de declaración del detenido, testigo, perjudicado, Acta de entrada y registro, Acta de reconocimiento de identidad en rueda, Acta de reconocimiento fotográfico, Acta de inspección ocular, Acta de comiso de efectos, Acta de incautación de efectos, etc.

- **ACTAS MODELO IMPRESO/ HOMOLOGADO**. En estas Actas, como su propio nombre indica, ya se encuentra preestablecido el formato del documento, teniendo que cumplimentar el funcionario policial los espacios en blanco.

  Podemos citar como más frecuentes: Acta de Información de derechos al detenido, Acta de información de derechos a la víctima, etc.

- **ACTAS JUICIOS RÁPIDOS O INMEDIATOS. A RAÍZ DE LA LEY 38/2002**, de 24 de octubre se estableció el procedimiento para el enjuiciamiento rápido e inmediato de determinados delitos, ello supuso que la Policía estableciera nuevos formatos de Actas adecuados a los Juicios rápidos de delitos e inmediatos

EJEMPLO: Acta de información de derechos al imputado no detenido, Acta de información de derechos al denunciado por faltas, Acta de información de derechos al perjudicado por delito.

5. ACTAS PERSONAS DETENIDAS. TESTIGOS.

Así, prevé el artículo 17.3 de la CE, lo siguiente: "Toda persona detenida debe ser informada de forma inmediata, y de modo que le sea comprensible, de sus derechos y de las razones de su detención, no pudiendo ser obligada a declarar. Se garantiza la asistencia de abogado al detenido en las diligencias policiales y judiciales, en los términos que la ley establezca".

Se extenderá mediante acta, la instrucción de los derechos de la persona detenida, haciendo constar los de sean aceptados por el mismo. Se le dará al detenido, una declaración de derechos escrita, de forma sencilla y accesible y en un idioma que comprenda, que podrá conservar durante todo el tiempo de la detención (no solo puede leerla, sino que pueda tenerla a su disposición todo el tiempo de privación de libertad).

Hay que tener en cuenta que se levantará **ACTA DE TESTIGOS** por:

- **QUE TIENE CONOCIMIENTO DE LOS HECHOS PRESUNTAMENTE DELICTIVOS**, ya sea por haberlos visto u oído, por razón de su cargo, profesión u oficio, por referencias o por cualquier otro medio.

- **NO TIENE OBLIGACIÓN DE DECLARAR EN DEPENDENCIAS POLICIALES**, sí está obligado a declarar ante la autoridad judicial si fuere citado al efecto (art 410 LECrim), pudiendo incurrir en caso contrario en un delito contra la Administración de Justicia.

- **ACONSEJABLE** la toma de manifestación en acta, para constatar los hechos y reforzar actuación policial.

- **ESTÁ OBLIGADO A DECIR LA VERDAD** (art 450 LECrim), ya que de lo contrario podría incurrir en un delito de falso testimonio.

- EN CASO DE DECLARAR VOLUNTARIAMENTE ANTE LA POLICÍA ESTÁ OBLIGADO A DECIR LA VERDAD. En caso de faltar a la verdad en su testimonio podría incurrir en un delito de acusación y denuncia falsa o, en su caso, de simulación de delito.

6. EJEMPLOS DE ACTAS.

Ejemplo de ACTA cumplimentada, para poder ver el contenido (breve, claro y conciso. Pero se deben recoger todas las circunstancias etc.

ACTA MANIFESTACIÓN:-.- Se extiende la presente en X, siendo las X horas del día X, y en el lugar de los hechos sitos en X, por los funcionarios de la policía local agentes con NIPX y X, los que HACEN CONSTAR:----------------------

-.-En este acto, quien acredita mediante DNI nº X, X, nacida en X, el X, domiciliada en la población de X, Calle X nº X, de la localidad de X, teléfono X, en calidad de ofendida/perjudicada, MANIFIESTA:----------------------------

-.-Que mientras se encontraba esperando el autobús, en la parada nº X de esta población se le ha acercado el que fue su pareja sentimental, Joaquín X, el cual ha sido identificado por esta policía, y le ha propinado varios golpes en el

rostro y espalda con el puño cerrado, amenazándola y diciéndole textualmente "PUTA TE VOY A MATAR", exhibiéndole una navaja, momento en el cual han pasado los agentes actuantes reduciendo y deteniendo al autor y expareja de la dicente.--
--------.-La que se extiende a mano alzada en el lugar de los hechos, firmándola en conformidad la manifestante y agentes.--
----

Firman todas las partes.

ACTA-.- Se extiende la presente en X, siendo las X horas del día X, y en el lugar de los hechos sitos en X, por los funcionarios de la policía local agentes con NIPX y X, los que hacen constar:---
-----

-.- Que se le informa la obligación a decir la verdad (art 450 LECrim), ya que de lo contrario podría incurrir en un delito de falso testimonio.------------------
-.-En este acto, quien acredita mediante DNI nº X, X, nacido en X, el X, domiciliado en la población de X, Calle X nº X, de la localidad de X, teléfono X, en calidad de TESTIGO DIRECTO, MANIFIESTA:------------------------
-.-Que mientras se encontraba esperando el autobús, en la parada nº X de esta población ha podido ver como se ha acercado, a una mujer que esperaba el autobús, un hombre, el cual ha sido identificado por esta policía, y le ha propinado varios golpes en el rostro y espalda con el puño cerrado, amenazándola y diciéndole textualmente "PUTA TE VOY A MATAR", sacando una navaja, momento en el cual han pasado policía local, se han bajado dos efectivos y han reduciendo y deteniendo al autor de los hechos.----
----

-.-La que se extiende a mano alzada en el lugar de los hechos, firmándola en conformidad la manifestante y agentes---
-

Firman todas las partes.

NOTA. - Este tipo de ACTAS son importantes pues, como se ha citado, en un momento dado refuerzan la actuación policial. Es por ello que se recomienda el uso continuado de las mismas, para evitar que testimonios desaparezcan y no leguen a la autoridad judicial.

ACTA POLICIAS ACTUANTES-.- Se extiende la presente en X, siendo las

X horas del día X, y en el lugar de los hechos sitos en X, por los funcionarios de la policía local agentes con NIPX y X, los que hacen constar:------------------------

-.-Que se encontraban en servicio de patrulla por la Calle X, cuando han llegado a la altura de la parada del autobús n° X de esta población han podido ver como un hombre ha atacado a una mujer. Dicho individuo le ha propinado varios golpes en el rostro y espalda, con el puño cerrado, amenazándola y diciéndole textualmente "PUTA TE VOY A MATAR", pudiendo ver como portaba un arma blanca en la mano, momento en el cual se han bajado dos efectivos y han reduciendo y deteniendo al autor de los hechos, el cual no ha mostrado resistencia.---

---------------------------------------.-El detenido ha sido informado de los motivos de la detención y de sus derechos (520 LeCrim).-------------------------

----

-..-La que se extiende a mano alzada en el lugar de los hechos, firmándola en conformidad la manifestante y agentes.--

-

Firman todas las partes.

ACTA DE INSTRUCCIÓN DE DERECHOS AL PERJUDICADO U OFENDIDO.-.-En + siendo las + horas, del día de hoy, en virtud de lo previsto en el artículo 771.1ª de la Ley de Enjuiciamiento Criminal, se extiende la presente acta por el Agente de la Guardia Civil con Carnet Profesional número + que instruye, y por el Secretario, con carnet profesional número + que certifica, para hacer constar que, estando presente D./Dña. nombredenunciante que actúa por sí, cuyos demás datos constan en su declaración, e inmediatamente después de recibir ésta, se le instruye de los derechos que le asisten como ofendido o perjudicado, o víctima de un delito, a tenor de lo dispuesto en los artículos 771.1ª , 109 y 110 de la Ley de Enjuiciamiento Criminal, y Ley 35/1995, de 11 de diciembre, respectivamente.--.-LOS DERECHOS QUE SE CITAN SON:------------------

----

-.-Derecho a mostrarse parte en el proceso, mediante el nombramiento de Abogado y Procurador o que le sea nombrado de oficio en caso de ser titular del derecho de asistencia jurídica gratuita según Ley 1/1996 y RD 2103/1996, y ejercitar las acciones civiles y penales que procedan, o solamente unas u otras, según le convenga. Este derecho deberá ejercitarse antes de la apertura del juicio oral.--

-------------.-Derecho a una vez personado en la causa, tomar conocimiento de lo actuado e instar lo que a su Derecho convenga.------------------------------------ --------------

-.-Se le comunica que, aunque no haga uso del anterior derecho, el Ministerio Fiscal ejercitará además de las acciones penales que procedan, las acciones civiles que correspondan, salvo renuncia expresa por su parte.-------------------- --.-Derecho a renunciar a la restitución de la cosa, reparación del daño e indemnización del perjuicio causado (art. 109 Ley de Enjuiciamiento Criminal).--.-Si ha sido víctima, directa o indirecta, de un delito violento o contra la libertad sexual, se le informa del contenido de los derechos que se declaran en la Ley 35/1995, de 11 de diciembre, conforme al Anexo que en este acto recibe.--------.-Dándose por instruido e informado, firma, de lo que como Secretario CERTIFICO.-- --------------------

Firman todos los que participan

ACTA DE INFORMACIÓN A VICTIMAS DE MALOS TRATOS EN ÁMBITO FAMILIAR, DELITOS VIOLENTOS O SEXUALES (LEY 35 /1.995 DE 11 DE DICIEMBRE).-. -Se extiende la presente por la unidad instructora que consta en el encabezamiento, PARA HACER CONSTAR: ---- -.-En este acto se le informa a (datos víctima), Como presunta víctima - directa o indirecta- de un delito violento o sexual, Vd. Puede acceder a ayudas públicas y a determinada asistencia:-- ------------.-INFORMACIÓN Y ASISTENCIA JURÍDICA.-------------------- -----------

-.- Mediante el proceso penal Vd, puede obtener resarcimiento o indemnización por el daño sufrido.--- --------------------

-.- Vd. puede ser parte en el proceso penal. Si su situación económica está dentro de ciertos límites (ingresos o recursos que no superen el doble del salario mínimo interprofesional, o hasta del cuádruple., según ciertas circunstancias) puede acceder a la justicia gratuita.----------------------------------- --------------------

-. - Aunque Vd. decida no ser parte del proceso, seguirá teniendo derecho a la indemnización que establezca la sentencia. En su caso, el Ministerio Fiscal ejercitara las acciones que procedan al respecto.----------------------------------- -.- Igualmente, aunque no sea parte, tiene derecho a ser informado por el Órgano Judicial de la fecha y lugar de celebración del juicio ya a la notificación de la resolución que recaiga.--

-.- Las autoridades policiales le informaran sobre el curso de sus investigaciones, salvo que con ello se ponga en peligro su resultado. En todo caso Vd. puede dirigirse al jefe de la Dependencia Policial donde se lleve la investigación o donde Vd. hizo denuncia o declaración.--

-.- Todo ello con independencia de la asistencia que pueda prestarle las Oficinas de Asistencia a las Victimas.--.-AYUDAS ECONÓMICAS.---

-.- La indemnización que como víctima le pueda corresponder será fijada en la sentencia y en principio, deberá ser pagada por el culpable.-----------------------

-.- Para garantizar en lo posible dicha indemnización la Ley prevé ayudas Públicas por determinados importes y hasta ciertos límites en función del daño producido por el delito y otras circunstancias.--

-.- Con este sistema de ayudas Públicas, aunque el culpable no sea hallado, resulte insolvente, eco Vd. podrá obtener una cierta reparación del daño causado.--

-.- En caso de delitos sexuales con daños en la salud mental, se sufragará hasta determinada cuantía los gastos de tratamiento terapéutico libremente elegido por la víctima.---

-.- Si su situación económica lo requiere Vd. puede obtener ayudas económicas provisionales antes de que recaiga resolución judicial.-----------------------------

-.-PROCEDIMIENTO DE SOLICITUD DE AYUDAS.-----------------------

-.- Han de solicitarse en el plazo de un año.---

-.- Debieran dirigirse al Ministerio de Economía y Hacienda, conteniendo diversos datos según que la solicitud sea tras la sentencia jurídica o antes de ella (provisional); que se haya producido fallecimiento, lesiones o daños a la salud mental en delitos sexuales, eco.--

-.- El Ministerio de Economía y Hacienda resolverá sobre su petición. El interesado podrá impugnar su resolución ante la Comisión Nacional de Ayuda y Asistencia a Víctimas de Delitos Violentos y contra la Libertad Sexual.---------

-.-INFORMACIÓN ADICIONAL.--

-.- Los Jueces y Magistrados, Fiscales, autoridades y funcionarios que intervengan en el caso podrán informarle adicionalmente sobre la posibilidad y procedimiento para solicitar las ayudas.--

----.-INCOMPATIBILIDADES.---

-.- Las ayudas económicas no incluyen a víctimas de otra clase de delitos distintos a los violentos o sexuales, ni a los derivados de accidentes y otras causas.--

-.- Dichas ayudas son incompatibles con los resarcimientos por daños a las víctimas de bandas armadas y elementos terroristas, cuyo sistema, cuantías y regulación legal es otra.---

-.- También son incompatibles con las indemnizaciones que en su día fije la sentencia con la de seguros privados y con subsidios de incapacidad temporal de la Seguridad Social. En tales casos la ayuda pública se limitaría hasta alcanzar el importe fijado en la sentencia. En los mismos casos o si la sentencia judicial declara la inexistencia del delito, el beneficiario deberá rembolsar total o parcialmente la ayuda que se le hubiera concedido.

-.-De todo lo cual queda informado, como presunta víctima directa, indirecta o representante de ellas:---

---

-.-Y para que conste se extiende la presente que firma la denunciante en unión al Secretario. CONSTE Y CERTIFICO.---

-

Firman todos los que participan

ACTA ENTREGA DE OBJETOS SUSTRAIDOS-.- Se extiende la presente en X, siendo las X horas del día X, y en el lugar de los hechos sitos en X, por los funcionarios de la policía local agentes con NIPX y X, los que hacen constar:--

-.-En esta acto, quien acredita mediante DNI nº X, X, nacido en X, el X, domiciliado en la población de X, Calle X nº X, de la localidad de X, teléfono X, en calidad de PROPIETARIO de los objetos sustraídos y que le han sido ocupados a los detenidos, se hace constar:--

-.-Que se procede a la entrega de los siguientes objetos; reloj marca Sony, cartera de piel de color marrón con documentación personal, así como dos billetes de 50 € que llevaba en su interior, cadena de oro, anillo de plata y pulsera de oro.-

-.-En este acto se le informa que, lo referenciado, queda en su poder, pero a disposición de la Autoridad Judicial.---

-.-La que se extiende a mano alzada en el lugar de los hechos, firmándola en conformidad la persona que los recibe y agentes que los entregan.---------------

Firman todas las partes.

ACTA ASISTENCIA FACULTATIVA AL DETENIDO-.- Se extiende la presente en X, siendo las X horas del día X, y en el Centro de Salud sito en X, por los funcionarios de la policía local agentes con NIPX y X, los que hacen constar:---

-.-En esta acto, si bien no presenta lesiones, recibe asistencia facultativa, por la Colegiada X, la persona detenida con DNI nº X, X, nacido en X, el X, domiciliado en la población de X, Calle X nº X, de la localidad de X, teléfono X, extendiendo el oportuno parte de lesiones que será entregado al instructor del cuerpo dirigencial.---

-.-La que se extiende a mano alzada en el lugar de los hechos, firmándola los agentes actuantes.---

Firman todas las partes.

ACTA DE REQUERIMIENTO AL PERSONAL SANITARIO DE INFORME MÉDICO.-.-En el Centro Sanitario de POBLACIÓN, siendo las del día   de FECHA, y en virtud de lo dispuesto en el art.796,1-3ª, de la Ley de Enjuiciamiento Criminal se extiende la presente acta por los funcionarios de la Policía Local con identificación profesional nº   , que en este acto comienza la instrucción de diligencias policiales para HACER CONSTAR:----
----

-.-Estando presente D./ña.   perjudicado en el Atestado nº   de esta Jefatura de Policía Local, se le requiere para que, DE FORMA INMEDIATA, entregue copia del informe sobre la asistencia al mencionado para su unión al Atestado, siendo necesaria para la resolución del supuesto hecho delictivo.-----
----

-.-Dicha copia viene obligada a entregarla a esta fuerza instructora, en virtud de lo dispuesto por el artículo 796.6ª de la Ley de Enjuiciamiento Criminal, al instruir el atestado mencionado por un delito comprendido en el ámbito establecido en el art.795 de la mencionada Ley, que permite incoar el procedimiento judicial para el enjuiciamiento rápido de determinados delitos.
-.-Dándose por requerido e informado, firma, de los que como Secretario CERTIFICO.--

Firman todas las partes.

ACTA DE INSPECCIÓN OCULAR-.-En X, los/las agentes de Policía

Local, con carnet profesional número X y X hacen constar:---------------------
-----------.-Que a las x horas del día x personados en X, se procede a la inspección ocular, en presencia de X, en calidad de X, dando el siguiente resultado:-----------------
1. Descripción detallada del lugar y alrededores.
2. Descripción detallada y exacta de la/s persona/s o cosa/s objeto del delito.
3. Diseño gráfico del lugar. Se indica localización del objeto/s encontrado/s en él.
4. Reportaje fotográfico.
5. Recogida la descripción de todos aquellos elementos que por su naturaleza puedan tener relación con la existencia del delito o con la persona autora (huellas, armas, efectos del delito...)
-.-La que se extiende a mano alzada en el lugar de los hechos, firmándola en conformidad la identificada X y agentes.--

Firman todas las partes.

ACTA DE ENTREGA DE VEHÍCULO SUSTRAIDO Y RECUPERADO POR LA UNIDAD ACTUANTE:-.-Se extiende la presente en X, siendo las X horas del día X, y en el lugar de los hechos sitos en X, por los funcionarios de la policía local agentes con NIPX y X, los que hacen constar:------------------
------.-En esta acto, tras la recuperación del vehículo con placa de matrícula 0998GVC, se procede a la entrega del mismo a quien acredita mediante DNI nº X, X, nacido en X, el X, domiciliado en la población de X, Calle X nº X, de la localidad de X, teléfono X, en calidad de PROPIETARIO.----------------.-Es informado que, debe retirar la denuncia formulada por sustracción y aun siendo el propietario, el vehículo queda en su poder a disposición judicial.------
--------- -.-La que se extiende a mano alzada en el lugar de los hechos, firmándola en conformidad propietario y agentes.------------------------------------
----

Firman todas las partes.

NOTA. Asegurarse que no se tiene que hacer ninguna diligencia con respecto al mismo como; toma de huellas etc.

ACTA DE RECONOCIMIENTO FOTOGRÁFICO:-.- Se extiende en *, siendo las + horas del día + por los funcionarios del Cuerpo +, provistos de documentos profesionales números +, que actúan como Instructor y

Secretario, respectivamente, para la práctica de la presente Acta, HACEN CONSTAR:---- -.-Que (previamente citado al efecto) ha comparecido en estas dependencias quien documentalmente acredita ser y llamarse (filiación completa), quien MANIFIESTA:--
-----------------------.- Que en relación a los hechos (exponer) le son mostradas conjuntamente y en la forma reflejada en el anexo núm. +, que se adjunta a la presente, (número) fotografías de individuos con características faciales similares, numeradas correlativamente, reconociendo (sin dudas, con dudas, no reconociendo o negativo) al fotografiado con el número + como la persona.-----------------------.-Que esa fotografía es marcada por el compareciente estampando su firma sobre la misma.-------------------------------
--.-NO RECONOCIENDO entre los mostrados a la persona *.--------------------.-RECONOCIENDO al fotografiado con el número * como la persona *si bien expresa las siguientes dudas (citarlas)
-.-Siendo las + horas del día de la fecha, se da por terminada la presente Acta, que una vez leída por sí y encontrándola conforme, la firma, en unión del Sr. Instructor, de lo que como Secretario CERTIFICO.-------------------------------

Firman todos los intervinientes.

ACTA DE REQUERIMIENTO AL PERSONAL SANITARIO DE INFORME MÉDICO.-.- Constituidos en el laboratorio de   , siendo las del día   de enero de 2- , y en virtud de lo dispuesto en el art.796,1-3ª, de la Ley de Enjuiciamiento Criminal se extiende la presente acta por el Policía Local con identificación profesional nº   , que instruye y certifica, para hacer constar que se entregan las sustancias intervenidas a D./ña.   por quien instruye el Atestado nº   de esta Jefatura de Policía Local, para su inmediato análisis.
-.-Se hace constar que dichas sustancias se han intervenido en la investigación de la comisión de un delito de   , susceptible de ser enjuiciado por el procedimiento rápido, conforme el art.795 de la Ley de Enjuiciamiento Criminal, por lo que deberá remitir el resultado de su análisis, por el medio más rápido posible, al Juzgado de Guardia de -y, en cualquier caso, antes del día   de enero de 2003, a las   horas, conforme viene obligado por el artículo 796.6ª de la Ley de Enjuiciamiento Criminal.-------------------------------
----
-.-Dándose por requerido e informado, firma, de los que como Secretario

CERTIFICO.---

Firman todos los que participan

88

CERTIFICO.---

Firman todos los que participan

5

HABEAS CORPUS

1. HABEAS CORPUS. PROCEDIMIENTO DE TRAMITACIÓN URGENTE.

El habeas corpus, como es sabido, es un instituto propio del Derecho anglosajón, donde cuenta con una antiquísima tradición y se ha evidenciado como un sistema particularmente idóneo para resguardar la libertad personal frente a la eventual arbitrariedad de los agentes del poder público.

Su origen anglosajón no puede ocultar, sin embargo, su raigambre en el Derecho histórico español, donde cuenta con antecedentes lejanos como el denominado «recurso de manifestación de personas» del Reino de Aragón y las referencias que sobre presuntos supuestos de detenciones ilegales se contiene en el Fuero de Vizcaya y otros ordenamientos forales, así como con antecedentes más próximos en las Constituciones de 1869 y 1876, que regulaban este procedimiento, aun cuando no le otorgaban denominación específica alguna.

El habeas corpus. procedimiento de tramitación urgente por el que una persona, que se considere ilegalmente detenida, solicita la inmediata puesta a disposición judicial. Vamos a estudiar brevemente el procedimiento de habeas corpus y los trámites documentales que deben realizarse en el caso de que un detenido o persona habilitada lo solicite.

1.1. El CONVENIO EUROPEO DE LOS DERECHOS HUMANOS (5.4).

Establece que "Toda persona privada de su libertad mediante arresto o detención tendrá derecho a presentar un recurso ante un órgano judicial, a fin de que se pronuncie en breve plazo sobre la legalidad de su detención y ordene su puesta en libertad si dicha detención fuera ilegal".

1.2. CONSTITUCIÓN.

El habeas corpus CONSTITUCIÓN (17.4), establece que "La ley regulará un procedimiento de «habeas corpus» para producir la inmediata puesta a disposición judicial de toda persona detenida ilegalmente".

1.3.   LEY REGULADORA DEL HABEAS CORPUS.

Ley Orgánica 6/1984, de 24 de mayo, reguladora del procedimiento de «Habeas Corpus», en su artículo 1 dice "Mediante el procedimiento del Habeas Corpus, se podrá obtener la inmediata puesta a disposición de la Autoridad judicial competente, de cualquier persona detenida ilegalmente".

La citada Ley, tiene como base cuatro principios:

- **AGILIDAD**, trata de conseguir que la violación ilegal de la libertad de la persona sea reparada con la máxima celeridad, ello se consigue mediante un procedimiento judicial sumario y extraordinariamente rápido, que tiene que finalizar en 24 horas.
- **SENCILLEZ** y carencia de formalismos, dado que puede ser por comparecencia verbal y en la no necesidad de abogado y procurador, evitando así dilaciones indebidas y permitiendo el acceso de todos los ciudadanos, con independencia de su nivel de conocimiento de sus derechos y de sus medios económicos, al recurso de habeas corpus.
- **GENERALIDAD**, implica que ningún particular o agente de la autoridad puede sustraerse al control judicial de la legalidad de la detención de las personas, sin que quepa excepción de ningún género, ni siquiera en lo referente a la Autoridad Militar; y por otro lado supone, la legitimación de una pluralidad de personas para instar el procedimiento.
- **UNIVERSALIDAD**, porque este procedimiento alcanza no solo a los supuestos de detención ilegal, sino también a las detenciones que, ajustándose originariamente a la legalidad, se mantienen o prolongan ilegalmente, o tienen lugar en condiciones ilegales

2. PROCEDER. PERSONA ILEGALMENTE DETENIDA.

El proceder con una persona ilegalmente detenida, se diferencia:

- **AUTORIDAD/FUNCIONARIO**: Las que lo fueren por una autoridad, agente de la misma, funcionario público o particular, sin que concurran los supuestos legales, o sin haberse cumplido las formalidades prevenidas y requisitos exigidos por las Leyes.

- **JUDICIAL:** Si la privación de libertad ha sido acordada por la autoridad judicial, este procedimiento no operará.
- **PARTICULAR/INTERNAMIENTO:** Las que estén ilícitamente internadas en cualquier establecimiento o lugar (RESIDENCIA ANCIANOS).

3. **INTERNAMIENTOS.**

- **NO VOLUNTARIO POR RAZÓN DE TRASTORNO PSÍQUICO** (ART. 763 LECRIM): donde el internamiento requerirá autorización judicial, que será recabada del tribunal del lugar donde resida la persona afectada por el internamiento.
- **DE EXTRANJEROS:** Máximo de 60 días. Acordado siempre judicialmente. No puede solicitarse por el hecho de haberse acordado el ingreso, pues es una decisión judicial que no admite habeas corpus, pero sí, si una vez en el CIE, se incumplen sus derechos o el máximo de permanencia.
- **OBLIGATORIOS POR RAZONES DE SALUD PÚBLICA:** Ejemplo COVID.
- **ARRESTO DOMICILIARIO (LOCALIZACIÓN PERMANENTE):** Pueden dar lugar a un procedimiento de habeas corpus, puesto que existe una situación de privación de libertad

4. **PERSONA ILEGALMENTE DETENIDA.**

En cuanto a una persona ilegalmente detenida (OTRAS), existen dos posibilidades:

- **PLAZO SUPERIOR:** Las que lo estuvieran por plazo superior al señalado en Leyes (máximo de 72 horas y tiempo mínimo imprescindible) si, transcurrido el mismo, no fuesen puestas en libertad o entregadas al Juez más próximo al lugar de la detención.
- **NO RESPETO DE SUS DERECHOS:** Las privadas de libertad a quienes no les sean respetados los derechos que la CE y las Leyes Procesales garantizan a toda persona detenida,

5. **COMPETENTE PARA CONOCER LA SOLICITUD DE**

HABEAS CORPUS (ART. 2). LEGITIMIDAD PARA SU SOLICITUD.

5.1. COMPETENTE PARA CONOCER LA SOLICITUD DE HABEAS CORPUS (ART. 2).

El órgano competente para conocer la solicitud de habeas corpus se regula en el art. 2 de la mencionada Ley Orgánica.

- **JUEZ DE INSTRUCCIÓN** del lugar en que se encuentre la persona privada de libertad (es indiferente si se trata de mayores de edad o menores de edad detenidos, no hay distinción); si no constare, el del lugar en que se produzca la detención, y, en defecto de los anteriores, el del lugar donde se hayan tenido las últimas noticias sobre el paradero del detenido.

- **ESTADO DE EXCEPCIÓN O DE SITIO**. Si la detención obedece a la aplicación de la Ley Orgánica, que desarrolla los supuestos previstos en el artículo 55.2 de la CE, el procedimiento deberá seguirse ante el JUZGADO CENTRAL DE INSTRUCCIÓN correspondiente.

- **JURISDICCIÓN MILITAR**: será competente para conocer de la solicitud de Habeas Corpus; el JUEZ TOGADO MILITAR de Instrucción constituido en la cabecera de la circunscripción jurisdiccional en la que se efectuó la detención.

5.2. LEGITIMIDAD PARA SU SOLICITUD.
5.1. LEGITIMIDAD.

La legitimidad para su solicitud, viene regulado en el artículo 3:

- La persona privada de libertad.
- Su cónyuge o persona unida por análoga relación de afectividad
- Descendientes, ascendientes y hermanos.
- Respecto a los menores y personas incapacitadas, sus representantes legales.
- El Ministerio Fiscal.
- El Defensor del Pueblo.
- **ABOGADO** (STC 224/1998)

NOTA. Sala Segunda. Sentencia 22/2022, de 21 de febrero de 2022. Recurso de amparo 5673-2019. Promovido por don Álvaro Tamarit Escribano y doña Belén García Miranda en relación con las resoluciones de un juzgado de instrucción de Madrid que denegaron incoación de procedimiento de habeas corpus. Vulneración del derecho a la libertad personal: inadmisión a trámite de una petición de habeas corpus por falta de legitimación de la abogada de los detenidos (STC 224/1998) y por razones de fondo (STC 72/2019).

5.2. CASOS ESPECIALES.

- **INSTAR Y NO INICIAR**. -Tenga cuidado con esta distinción, porque el Juez competente no lo puede instar, sino que lo podrá iniciar.
- **AEROPUERTO**. -Otro de los casos donde sí se permite la solicitud de habeas corpus es en las solicitudes formuladas por solicitantes de asilo o por extranjeros en la sala de rechazados de un aeropuerto

6. PROCEDIMIENTO. INICIO. ACTUACION POLICIAL.
6.1. INICIO.

El procedimiento se iniciará, salvo cuando se incoe de oficio, por medio de escrito o comparecencia, no siendo preceptiva (obligatoria) la intervención de Abogado ni de Procurador.

En dicho escrito o comparecencia deberán constar:

- El nombre y circunstancias personales del solicitante y de la persona para la que se solicita el amparo judicial regulado en esta Ley.
- El lugar en que se halle el privado de libertad, autoridad o persona, bajo cuya custodia se encuentre, si fueren conocidos, y todas aquellas otras circunstancias que pudieran resultar relevantes.
- El motivo concreto por el que se solicita el Habeas Corpus.

6.2. ACTUACIÓN POLICIAL

Recibida petición de habeas corpus por persona habilitada para ello, la autoridad gubernativa, agente de la misma o funcionario público, estarán OBLIGADOS a poner inmediatamente en conocimiento del Juez competente la solicitud de Habeas Corpus formulada por la persona privada de libertad que se encuentre bajo su custodia.

Si incumplieren esta obligación, serán apercibidos por el Juez, sin perjuicio de las responsabilidades penales y disciplinarias en que pudieran incurrir (ART. 5).

6.2.1. COMUNICAMOS A LA AUTORIDAD JUDICIAL COMPETENTE LA PETICIÓN DE HABEAS CORPUS, Y AQUÍ DISTINGUIMOS VARIAS FASES:

A. ADMISIÓN (ART. 6).

- **EL JUEZ EXAMINARÁ** la concurrencia de los requisitos para su tramitación y dará traslado de la misma al Ministerio Fiscal.
- Mediante AUTO, acordará la **INCOACIÓN DEL PROCEDIMIENTO**, o, en su caso, denegará la solicitud por ser esta improcedente.
- Dicho auto, **SE NOTIFICARÁ**, en todo caso, al Ministerio Fiscal. Contra la resolución que en uno u otro caso se adopte, no cabrá recurso alguno.
- Con ello observamos que se hace un **JUICIO DE ADMISIBILIDAD**, donde el Juez apreciará la concurrencia o no de los requisitos para la tramitación de la solicitud de Habeas Corpus.
- **EXAMINARA**: Legitimación del solicitante, la competencia y el hecho de que exista o no una privación de libertad

B. TRAMITACIÓN: SI EL JUEZ ADMITE A TRÁMITE LA PETICIÓN, DICTARÁ UN AUTO DE INCOACIÓN. ART.7.

PRESENTACIÓN DE LA PERSONA DETENIDA (PRIVADA DE LIBERTAD). -En el auto de incoación el Juez ordenará a la autoridad a cuya disposición se halle la persona privada de libertad o a aquel en cuyo poder se encuentre, que la ponga de manifiesto ante él, sin pretexto ni demora alguna o se constituirá en el lugar donde aquella se encuentre.

C. ANTES DE DICTAR RESOLUCIÓN, OIRÁ EL JUEZ A.

- La persona privada de libertad o, en su caso, a su representante legal y Abogado, si lo hubiera designado, así como al Ministerio Fiscal.

- La autoridad, agentes, funcionario público o representante de la institución o persona que hubiere ordenado o practicado la detención o internamiento

- En todo caso, a aquella bajo cuya custodia se encontrase la persona privada de libertad; a todos ellos dará a conocer el Juez las declaraciones del privado de libertad.

- El Juez admitirá, si las estima pertinentes, las pruebas que aporten las personas a que se refiere el párrafo anterior y las que propongan que puedan practicarse en el acto

- EN EL PLAZO DE 24 HORAS, contadas desde que sea dictado el auto de incoación, los Jueces practicarán todas las actuaciones a que se refiere este artículo y dictarán la resolución que proceda.

D. RESOLUCIÓN. ART. 8.

Practicadas las actuaciones a que se refiere el artículo anterior, el Juez, mediante auto motivado, adoptará seguidamente alguna de estas **RESOLUCIONES**:

- **SI ESTIMA QUE NO** se da ninguna de las circunstancias, acordará el archivo de las actuaciones, declarando ser conforme a Derecho la privación de libertad y las circunstancias en que se está realizando.

- **SI ESTIMA QUE CONCURREN** alguna de las circunstancias del artículo primero de esta Ley, se acordará en el acto alguna de las siguientes medidas

E. MEDIDAS. MEDIDAS ESTIMATORIAS.

- La puesta en libertad del privado de esta, si lo fue ilegalmente.

- Que continúe la situación de privación de libertad de acuerdo con las disposiciones legales aplicables al caso, pero si lo considerase necesario, en establecimiento distinto, o bajo la custodia de personas distintas de las que hasta entonces la detentaban.

- Que la persona privada de libertad sea puesta inmediatamente a disposición judicial, si ya hubiere transcurrido el plazo legalmente establecido para su detención.

F. CONSECUENCIAS (ART. 9).

- **POSIBLE IMPUTACIÓN A LOS QUE PRACTICARON PRIVACIÓN**. -El Juez deducirá testimonio de los particulares pertinentes para la persecución y castigo de los delitos que hayan podido cometerse por quienes hubieran ordenado la detención, o tenido bajo su custodia a la persona privada de libertad.
- **POSIBLE IMPUTACIÓN A LOS QUE SOLICITARON EL HABEAS CORPUS**. -En los casos de delito de denuncia falsa o simulación de delito se deducirá, asimismo, testimonio de los particulares pertinentes, al efecto de determinar las responsabilidades penales correspondientes.
- **SI SE APRECIASE TEMERIDAD O MALA FE**, será condenado el solicitante al pago de las costas del procedimiento; en caso contrario, estas se declararán de oficio.
- **NO RECURSO**. -Contra el auto que resuelve este procedimiento no podrá interponerse ningún recurso, sin perjuicio de la posibilidad de solicitar amparo constitucional.

7. EJEMPLOS.

7.1. COMPARECENCIA VERBAL DE PERSONA LEGITIMADA, SOLICITANDO EN UNA DEPENDENCIA DE POLICÍA, LA APLICACIÓN DE HABEAS CORPUS A UN DETENIDO.

COMPARECENCIA SOLICITUD HABEAS CORPUS.- Se extiende en X, y en su Dependencia del Cuerpo de Policía Local, siendo las x horas del día x, ante el categoría con número de carné profesional x, y x, Instructor y Secretario, respectivamente, para la práctica de las presentes, de forma voluntaria comparece quien exhibe y retira el Documento Nacional de Identidad, (FILIACIÓN COMPLETA), en calidad de padre de la persona detenida X, el cual en este acto MANIFIESTA:--- ------------------ -.-Que, en el día de hoy y sobre las X horas, ha tenido conocimiento telefónico, de la mujer de su hijo, que su hijo había sido detenido como presunto responsable de un delito de X, por esta policía local.- ---------------------------------.-Que su hijo no ha podido ser el autor de robo alguno, puesto que esta mañana desde las 08.00 a las 20.00 horas, tanto el

compareciente como su hijo, se hallaban trabajando en la localidad de X, junto dos compañeros más que así lo pueden atestiguar, si fuera preciso.---------------
--.-Por lo arriba expuesto, ante esta Unidad Instructora solicita la puesta en libertad inmediata de su hijo.---------------------
------------------------------------- -.-Si no fuera puesto en libertad, insta y se acoge al derecho constitucional del Habeas Corpus, proclamado en el artículo 17.4 de nuestra Constitución.-------- -.-Que no tiene más que decir, por lo que una vez leída y hallada conforme, la firma en unión de Instructor y Secretario, CERTIFICO.----------------------------

Firman todas las partes.

NOTA. De manera inmediata se tramita la presente, sin dilación alguna.

7.2. DILIGENCIA HACIENDO CONSTAR LA SOLICITUD DE HABEAS CORPUS POR ESCRITO EN UNA DEPENDENCIA POLICIAL POR UN DETENIDO

DILIGENCIA DE SOLICITUD Y COMUNICACIÓN DE HABEAS CORPUS.- Se extiende en X, y en su Dependencia del Cuerpo de Policía Local, siendo las x horas del día x, ante el categoría con número de carné profesional x, y x, Instructor y Secretario, que el detenido X, presunto autor del supuesto delito de X, en este acto MANIFIESTA:------------------------------
----------------- -.-Que su detención es ilegal, ya que no es el autor de los hechos que se le imputan, por lo que desea solicitar instar procedimiento Habeas Corpus.------- -.-Siendo las X, se comunica tal extremo al Magistrado-Juez de Instrucción en funciones de Guardia de X, siguiendo lo preceptuado en la LO 6/84, lo cual se lleva a efecto a continuación mediante llamada telefónica registrada con el número X.---
-------------------------------------.-La que se extiende y firma por la Unidad Instructora. CONSTE Y CERTIFICO.---
----

Firman todas las partes.

7.3. LA COMUNICACIÓN AL JUZGADO DE LA SOLICITUD DE «HABEAS CORPUS» PODRÍA EFECTUARSE, IGUALMENTE, MEDIANTE OFICIO, U OTRO MEDIO POR EL QUE QUEDE CONSTANCIA.

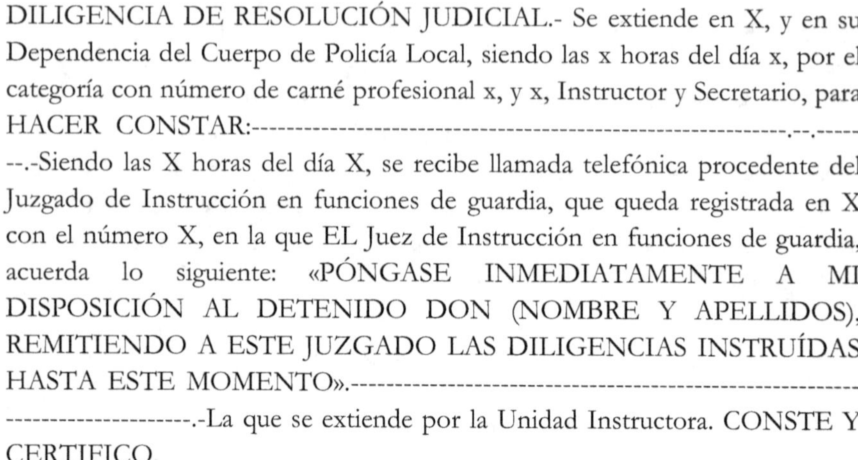

DILIGENCIA DE RESOLUCIÓN JUDICIAL.- Se extiende en X, y en su Dependencia del Cuerpo de Policía Local, siendo las x horas del día x, por el categoría con número de carné profesional x, y x, Instructor y Secretario, para HACER CONSTAR:--.--.-----
--.-Siendo las X horas del día X, se recibe llamada telefónica procedente del Juzgado de Instrucción en funciones de guardia, que queda registrada en X con el número X, en la que EL Juez de Instrucción en funciones de guardia, acuerda lo siguiente: «PÓNGASE INMEDIATAMENTE A MI DISPOSICIÓN AL DETENIDO DON (NOMBRE Y APELLIDOS), REMITIENDO A ESTE JUZGADO LAS DILIGENCIAS INSTRUÍDAS HASTA ESTE MOMENTO».---
----------------------.-La que se extiende por la Unidad Instructora. CONSTE Y CERTIFICO.

Firman todas las partes.

7.4. DILIGENCIA HACIENDO CONSTAR RESOLUCIÓN JUDICIAL EN EL PROCEDIMIENTO INCOADO.

DILIGENCIA DE RESOLUCIÓN JUDICIAL.- Se extiende en X, y en su Dependencia del Cuerpo de Policía Local, siendo las x horas del día x, por el categoría con número de carné profesional x, y x, Instructor y Secretario, para HACER CONSTAR:--.-Siendo las X horas, del día X, siguiente al de inicio de las presentes, se recibe fax número X y confirmación telefónica de su recepción, procedente del Juzgado de Instrucción en funciones de guardia, registrado en X con el número X, en el que Su Señoría acuerda que efectivos de este Cuerpo se desplacen al Juzgado a fin de hacerse cargo del detenido X, por haberse resuelto en el procedimiento de Habeas Corpus incoado, que " (citar lo que diga el fax. EL MISMO CONTINÚE PRIVADO DE LIBERTAD HASTA LA FINALIZACIÓN DE LAS DILIGENCIAS DEL CORRESPONDIENTE ATESTADO, POR CONSIDERARSE AJUSTADA A DERECHO LA DETENCIÓN PRACTICADA".--------------
-- -.-Siendo las X, por orden de la Unidad Instructora los agentes con carnés profesionales números X y X, dieron cumplimiento a lo ordenado por la Autoridad judicial, y trasladaron el detenido a esta dependencia.------------------ -.-La que se extiende por la Unidad Instructora, firmada junto a los agentes que practicaron la diligencia. CONSTE y CERTIFICO.

Firman todas las partes.

6

LOS PROCEDIMIENTOS PENALES. JUICIOS RAPIDOS E INMEDIATOS.

1. PROCEDIMIENTOS PENALES. TIPOS.

Los tipos de procedimientos penales se pueden describir como la clasificación de los procesos de penalización por los que atraviesa un ciudadano a través de la interacción de los órganos judiciales.

El procedimiento procesal penal toma por fin ulterior averiguar:

- Los **HECHOS** delictivos.
- La **EJECUCIÓN** del delito.
- Los **ACTORES** implicados en el delito, así como el grado de implicación en el delito.

Estos procedimientos se abocan expresamente en el esclarecimiento de los hechos con exactitud contemplando cada componente del delito como autor, cooperador necesario, cómplices, grado de responsabilidad y finalmente se inclina por dictar una sentencia condenatoria o absolutoria.

Para entender bien los procedimientos penales es importante saber que cada caso es diferente y tiene una pena determinada. Por tanto, según la gravedad del ilícito penal cometido podremos juzgarlo en un procedimiento u otro.

1.1. TIPOS DE PROCEDIMIENTOS.

- **EL PROCEDIMIENTO ORDINARIO**. -procedimiento aplicable para el enjuiciamiento de los delitos más graves, concretamente aquellos que tengan señalada por ley penas de prisión superior a 9 años). Artículos del 259 al 648 por la Ley de Enjuiciamiento Criminal.
- **EL PROCEDIMIENTO ABREVIADO**. - (LO 7/1.988, de 28 de diciembre), aplicable para el enjuiciamiento de aquellos delitos que tengan señalada por Ley pena privativa de libertad no superior a 9 años o bien con cualesquiera otras penas de distinta naturaleza bien sean únicas, conjuntas o alternativas, cualquiera que sea su cuantía o

duración). Artículo 757 de la Ley de Enjuiciamiento Criminal

- **EL PROCEDIMIENTO ANTE EL TRIBUNAL DEL JURADO** (regulado por la LOTJ 5/95, ya visto)
- **EL PROCEDIMIENTO POR EL ENJUICIAMIENTO RÁPIDO E INMEDIATO**. -(Ley 38/2002, de 24 de octubre, de reforma parcial de la LECrim) De determinados Delitos, además del procedimiento por delitos leves. Introduzca aquí el texto del capítulo seis. Introduzca aquí el texto del capítulo seis. Introduzca aquí el texto del capítulo seis. Introduzca aquí el texto del capítulo seis. Introduzca aquí el texto del capítulo seis. Introduzca aquí el texto del capítulo seis. Introduzca aquí el texto del capítulo seis. Introduzca aquí el texto del capítulo seis. Introduzca aquí el texto del capítulo seis. Introduzca aquí el texto del capítulo seis. Introduzca aquí el texto del capítulo seis. Introduzca aquí el texto del capítulo seis.

2. JUICIOS RAPIDOS E INMEDIATOS.

Ley 38/2002 de Juicio Rápido, creo un proceso especial para el enjuiciamiento rápido de determinados delitos, y del tenor del art. 795.1 que señala: Sin perjuicio de lo establecido para los demás procesos especiales.

Será la Policía Judicial la que decida si acude al procedimiento de Juicio rápido (si se dan sus requisitos) o en caso contrario, al abreviado. Pero tras esta decisión de la policía, será el juez, en última instancia el que pueda decidir lo contrario, es decir, no tramitar por el Juicio rápido y sí por el abreviado.

2.1. REQUISITOS DEL JUICIO RAPIDO (ART. 795.1 LECRIM).

- Delitos con **PENA QUE NO EXCEDA DE 5 AÑOS**, o con cualesquiera otras penas, bien sean únicas, conjuntas o alternativas, cuya duración no exceda de 10 AÑOS, cualquiera que sea su cuantía.
- **SE INICIE SIEMPRE EN VIRTUD DE UN ATESTADO POLICIAL:** Si la denuncia ha sido interpuesta ante el Ministerio Fiscal o ante el Juez, no se iniciará el tema por atestado y, por lo tanto, no podrá seguirse el Juicio rápido.
- **QUE LA POLICÍA JUDICIAL HAYA DETENIDO** a una persona y la haya puesto a disposición del Juzgado de Guardia, o

proceda su puesta en libertad sin pasar a disposición. O bien, no la haya detenido porque no proceda su detención, y haya sido citada para comparecer ante el Juzgado de Guardia por tener la calidad de denunciado

3. SE RECOGEN DOS POSIBILIDADES.

- **DETENIDO (JRD)**: La habitual que es detener a un sujeto que duerme en dependencias policiales y es presentado ante el juez de instrucción.
- **INVESTIGADO (JRSD):** La diferente que ocurre cuando se detiene a un sujeto, se le imputan unos hechos, y se le cita para que él mismo acuda ante el Juez el día y hora indicados.

4. DETENCION EN 5 DIAS.

Si no habiendo sido detenido ni localizado el presunto responsable, fuera previsible su rápida identificación y localización, continuarán las investigaciones iniciadas, que se harán constar en un único atestado, el cual se remitirá al Juzgado de guardia tan pronto como el presunto responsable sea detenido o citado de acuerdo con lo previsto en los apartados anteriores, y, en cualquier caso, dentro de los 5 días siguientes (ART. 796.4 LECRIM).

5. ADEMÁS, QUE SE DÉ UNA DE LAS 3 POSIBILIDADES SIGUIENTES (REQUISITO COMODÍN).

- **DELITOS FLAGRANTES**. Entendiendo por tales aquellos en que no hay solución de continuidad entre la comisión del hecho y la actuación policial que conduce a la detención o la citación (ART. 795.1.1º LECRIM.
- ✓ **EN EL ACTO**. -Se considerará delito flagrante el que se estuviese cometiendo o se acabare de cometer cuando el delincuente sea sorprendido en el acto.
- ✓ **EN PERSECUCIÓN**. -Se entenderá sorprendido en el acto también al detenido o perseguido inmediatamente después de cometerlo, si la persecución durare o no se suspendiere mientras el delincuente no se ponga fuera del inmediato alcance de los que le persiguen.

- ✓ **EN POSESIÓN DE INSTRUMENTOS**. -También se considerará delincuente in fragancia aquel a quien se sorprendiere inmediatamente después de cometido un delito con efectos, instrumentos o vestigios que permitan presumir su participación en él.

- **CIRCUNSTANCIAS SIGUIENTES:**
  - ✓ Que se trate de delitos flagrantes.
  - ✓ Que se trate de alguno de los delitos siguientes:
  - ✓ Delitos de lesiones, coacciones, amenazas o violencia física o psíquica habitual, cometidos contra las personas a que se refiere el artículo 173.2 del Código Penal.
  - ✓ Delitos de hurto.
  - ✓ Delitos de robo.
  - ✓ Delitos de hurto y robo de uso de vehículos.
  - ✓ Delitos contra la seguridad del tráfico.
  - ✓ Delitos de daños referidos en el artículo 263 del Código Penal.
  - ✓ Delitos contra la salud pública previstos en el artículo 368, inciso segundo, del Código Penal.
  - ✓ Delitos flagrantes relativos a la propiedad intelectual e industrial previstos en los artículos 270, 273, 274 y 275 del Código Penal.
  - ✓ Que se trate de un hecho punible cuya instrucción sea presumible sencilla y que, por tanto, podrá terminarse en breve plazo

6. INSTRUCCIÓN SEA PRESUMIBLEMENTE SENCILLA.

Que se trate de un hecho punible cuya **INSTRUCCIÓN SEA PRESUMIBLEMENTE SENCILLA**, es decir, aquel en que las circunstancias del caso permitan presumir que la investigación sea sencilla, y que podrá terminarse en un plazo breve, con independencia de las circunstancias anteriores.

7. EXCEPCIONES.

- **DELITOS CONEXOS**. - No será de aplicación a la investigación y enjuiciamiento de aquellos delitos que fueren conexos con otro u otros delitos no comprendidos en el apartado anterior (ART. 795.1 LECRIM).

- **SECRETO ACTUACIONES**. - Tampoco será aplicable en los casos en que sea procedente decretar el secreto de las actuaciones, conforme a lo establecido en el ART. 302 LECRIM

8. ACTUACIONES POLICIALES EN EL ENJUICIAMIENTO RÁPIDO POR DELITO

Hay que tener en cuenta una seria de principios o actuaciones en el enjuiciamiento de este tipo procesal, por ello habrá que especial atención:

- **IDENTIFICARSE CON NÚMERO DE CARNET PROFESIONAL**. El funcionariado de la Policía Judicial podrá identificarse en las diligencias y actuaciones judiciales y policiales por medio de su número de Carnet Profesional (ART. 762.7ª LECRIM, indicando su categoría profesional, la unidad de destino y en todo caso el Cuerpo al que pertenece

- **PRESENCIA FACULTATIVA EN EL LUGAR**. Cuando se tenga conocimiento de un hecho que revista caracteres de delito, acudirá de inmediato al lugar de los hechos y requerirá, cuando sea necesario, la presencia de cualquier facultativo o personal sanitario que fuere habido para prestar los oportunos auxilios al ofendido.

- **NO ATENDER AL REQUERIMIENTO**. Si el facultativo o personal sanitario, no atiende sin justa causa dicho requerimiento, será informado de que puede ser sancionado con una multa de 500 a 5.000 €, sin perjuicio de la responsabilidad criminal en que pueda incurrir (ART. 770.1ª LECRIM).
  Podría incurrir en la responsabilidad penal prevista en los ARTS. 195 (omisión del deber de socorro), 196 (omisión de socorro profesional), 556 (delito de desobediencia).

- **ACTA CONSTANCIA DEL DELITO**. Levantará acta de constancia de los hechos ocurridos, acompañando fotografías o cualquier otro soporte magnético o de reproducción de la imagen, cuando sea pertinente para el esclarecimiento del hecho punible y exista riesgo de desaparición de sus fuentes de prueba.

- **RECOGER Y CUSTODIAR**. Recogerá y custodiará los efectos, instrumentos o pruebas del delito de cuya desaparición hubiere peligro, para ponerlos a disposición de la autoridad judicial (ART. 772.3ª LECRIM).

- **TRASLADO FALLECIDO.** Si se hubiere producido la muerte de alguna persona y el cadáver se hallare en la vía pública, en la vía férrea o en otro lugar de tránsito, lo trasladará al lugar próximo que resulte más idóneo dentro de las circunstancias, restableciendo el servicio interrumpido y dando cuenta de inmediato a la Autoridad Judicial (ART. 770.4ª LECRIM). *MUCHO OJO.*

- **IDENTIFICACIÓN.** Tomará los datos personales y dirección de las personas que hayan presenciado los hechos (testigos) y de los ofendidos y perjudicados, así como cualquier otro dato que ayude a su identificación y localización, tales como lugar habitual de trabajo, números de teléfono fijo o móvil, número de fax o dirección de correo electrónico (ART. 772.5ª LECRIM).

- **RETENER PERMISOS.** Cuando el hecho se derive del uso y circulación de vehículos de motor, intervendrá, de resultar procedente, el vehículo y retendrá el permiso de circulación del mismo y el permiso de conducir de la persona a la que se impute el hecho (ART. 772. 6ª LECRIM).

- **AUXILIO DE OTRAS FUERZAS Y CUERPOS DE SEGURIDAD.** Se requerirá el auxilio de otros miembros de las Fuerzas y Cuerpos de Seguridad.

   Art 772.1 LECRIM, "los miembros de la Policía Judicial requerirán el auxilio de otros miembros de las Fuerzas y Cuerpos de Seguridad cuando fuera necesario para el desempeño de las funciones que por esta Ley se les encomiendan".

   ¿ESO INCLUYE POLICIAS LOCALES COLINDANTES? Si fuera necesario, justificadamente en virtud del citado artículo y no hubiera otra FFCCSS que prestara el citado auxilio.

9. LA ELABORACIÓN DEL ATESTADO POLICIAL. NORMAS BÁSICAS REDACCIÓN.

En la elaboración del atestado policial, existen unas normas básicas redacción que vienen reguladas en los artículos 292 a 297 de la LeCrim, así como pormenorizados en el manual de «criterios para la práctica de diligencias por la policía judicial», aprobado por la Consejo General del Poder Judicial.

9.1. PARTICULARIDADES ATESTADOS POR JUICIO RÁPIDO DESTACAR.

- **MOTIVO DETENCIÓN Y DERECHOS DETENIDO:** El investigado detenido será informado de modo que le sea comprensible y de forma inmediata de los hechos que se le imputan y las razones motivadoras de su privación de libertad, así como de los derechos que le asisten, especialmente los recogidos en el ART. 520.2 LECRIM.

- **MOTIVO DETENCIÓN Y DERECHOS INVESTIGADO:** Al investigado no detenido se le informará a la mayor brevedad posible en la forma más comprensible de los hechos que se le atribuyen y de los derechos que le asisten.

- **EN PARTICULAR,** se le instruirá de los derechos reconocidos en los apartados a), b), c) y e) del ART. 520.2 LECRIM (ART. 771.2ª LECRIM) de los siguientes Derechos:
  - ✓ A guardar silencio, a no contestar alguna pregunta o declarar solo ante la Autoridad Judicial.
  - ✓ A no declarar contra sí mismo o a no confesarse culpable.
  - ✓ A designar Abogado propio o de oficio.
  - ✓ A ser asistido por un intérprete.

9.2.   ASISTENCIA LETRADA.

Desde que de las actuaciones resultare la investigación de un delito contra persona determinada, se haya procedido o no a su detención, será necesaria la asistencia letrada.

Se recabará de inmediato del Colegio de Abogados la designación de uno de oficio si no lo hubiere nombrado ya el interesado (ARTS. 767 Y 768 LECRIM).

10. INFORMAR OFENDIDO Y AL PERJUDICADO POR EL DELITO DE FORMA ESCRITA DE LOS SIGUIENTES DERECHOS (ART. 771.1ª LECRIM).

- Mostrarse parte en la causa sin necesidad de formular querella.

- Nombrar Abogado o instar el nombramiento de Abogado de oficio en caso de ser titulares del derecho a la asistencia jurídica gratuita.

- Una vez personados en la causa, tomar conocimiento de lo actuado e instar lo que a su derecho convenga, sin perjuicio de lo dispuesto en los arts. 301 y 302.

- De no personarse en la causa y no hacer renuncia ni reserva de acciones civiles, el Ministerio Fiscal las ejercitará si correspondiere.

11. IMPOSIBILIDAD DE TRASLADAR DERECHOS AL OFENDIDO.

En caso de imposibilidad de realizar esta prescripción legal (información de derechos al ofendido), de lo cual así debería quedar constancia dentro del atestado, ello no constituiría ningún obstáculo procesal, dado que en el ART. 776, se dispone que: «en la primera comparecencia el Letrado de la Administración de Justicia informará al ofendido y al perjudicado de sus derechos, en los términos previstos en los ARTS. 109 Y 110.

12. VÍCTIMAS DE DELITOS VIOLENTOS Y CONTRA LA LIBERTAD SEXUAL.

Cuando se trate de víctimas de delitos violentos y contra la libertad sexual, se les informará de los derechos que contempla la Ley 35/1995, de 11 de diciembre

13. IDENTIFICAR (RESEÑA DNI / NIE).

En las declaraciones se reseñará el DNI de las personas que las presten, salvo que se trate de Agentes de la Autoridad (ART. 762.7ª LECRIM).

14. VEHICULO A MOTOR.

Cuando los hechos investigados deriven del uso y circulación de vehículos de motor, se reseñará:
- El permiso de conducir del conductor.
- El de circulación del vehículo.
- El certificado del seguro obligatorio y el documento acreditativo de su vigencia.

15. EJEMPLO DE DILIGENCIAS.

DILIGENCIA DE CONOCIMIENTO DEL HECHO. -.-Siendo las + de

fecha +, los funcionarios + y +, pertenecientes a la unidad antes mencionada, por el presente atestado HACEN CONSTAR:--
-.-A las horadiligencia horas del día de hoy se persona en estas Dependencias, D./Dña. NOMBREDENUNCIANTE, con did n° documentodenunciante, nacido/a en locapronacimiento (pronacimiento), el día dianaci, hijo/a de padredenunciante y de madredenunciante, con domicilio en domiciliodenunciante de la localidad de localidaddenunciante(provinciadenunciante) y con número de teléfono telefonodenunciante, DENUNCIANDO:---
-.-Dicha manifestación, al revertir carácter delictivo inicia la instrucción de las presentes diligencias por Juicio Inmediato, que se extenderán a lo largo de este Cuerpo diligencial.---
-.-Y para que conste, se extiende la presente diligencia que es firmada por el Instructor y Secretario que CERTIFICA.---

ACTA DE CITACIÓN PARA JUICIOS RAPIDOS POR DELITO.-.- Se extiende por la Unidad Instructora que se cita en el encabezamiento, siendo las horas + de la fecha +, para HACER CONSTAR:-----------------------------------
------.- En el Atestado n°. diligencias / año diligencias de fecha cabecera de la Policía Local de (población), por la presente se le comunica que deberá personarse el día diajuicio a las horajuicio horas en el Juzgado cabecerajuzgado número juzgadonumero de la localidad de locajuzgado (projuzga).---------------
----------- -.- Su comparecencia es en calidad de (DENUNCIADO-PERJUDICADO/OFENDIDO-TESTIGO-PERITO O FACULTATIVO).-
-.- De igual modo, se le informa de su derecho a comparecer en dicho Juzgado asistido por un Letrado.--
-.-Denunciado.---
-.- Designa al Abogado D./Dña nombreletrado, colegiado n° numletrado.-----
---.-No designa Letrado, se solicita de oficio al Colegio de Abogados en teléfono n° numcolegio.---
------------.-Ofendido o perjudicado.--
-------------.-Designa al Abogado D./Dña nombreletrado, colegiado n° numletrado.---------.-No designa Letrado.--
----------------------.-Se le informa que tiene derecho a instar el nombramiento de Abogado de Oficio en caso de ser titular del derecho a la asistencia jurídica gratuita.------------.-APERCIBIMIENTO.--
---------------------.-Denunciado. Que, en caso de incomparecencia, sin justa causa, podrá ser sancionado con multa de 200 a 2000 euros, según art. 967.2 de la Ley de Enjuiciamiento Criminal.---

------------------.-Perjudicado u ofendido. De no personarse en la causa y no hacer renuncia ni reserva de acciones civiles, el Ministerio Fiscal las ejercitará si correspondiere.--.-Testigo, Perito o facultativo. Se le informa que conforme a los articulos 796.1.4ª y 797.1.4ª de la Ley de Enjuiciamiento Criminal, en caso de incomparecencia sin justa causa incurrirá en multa de 200 a 5.000 euros, y si persistiere en su resistencia podrá ser conducido a la presencia del Juez instructor por los agentes de la autoridad, y perseguido por el delito de obstrucción a la justicia, conforme a lo previsto en el artículo 420 de la Ley de Enjuiciamiento Criminal.--
-.-La que se extiende y firma por la persona interesada, junto a esta Unidad que, como Secretario, CERTIFICO.---
------

7

CONCEPTOS BÁSICOS.
LA INSPECCIÓN OCULAR

1. DEL DELITO. EL OBJETO Y ELEMENTOS DEL DELITO

El objeto y elementos del delito es el bien jurídico o valor que protege el derecho penal y que el delito perturba.

1.1. TIPOS DE OBJETOS.

- **EL OBJETO JURÍDICO** nunca coincide con el objeto material y las mutaciones o alteraciones que pueda sufrir serán relevantes para el derecho penal solo si son consecuencia de la afectación al bien jurídico.
- **EL MATERIAL.** objeto material es persona o cosa sobre la cual recae directamente el daño causado por el delito cometido.
- **ELEMENTOS ESENCIALES** del delito son tres: tipicidad, antijuricidad y culpabilidad.
- En tal sentido, si la conducta realizada por un sujeto es típica, antijurídica y culpable, entonces nos encontraríamos frente a un delito.

1.2. SUJETOS DEL DELITO.

- **SUJETO ACTIVO:** persona física que puede cometer un ilícito penal.
- **SUJETO PASIVO:** persona que sufre el delito.
- **IMPERSONAL:** la víctima del delito es una persona moral o jurídica.
- **PERSONAL:** la víctima del delito es una persona física. Elemento positivo del delito.

2. INVESTIGACION.

- **DEFICICION:** Proceso por el cual se descubre al autor de un delito, cometido o planeado, mediante la reunión de hechos (indicios-evidencias-pruebas), si bien también puede suponer la determinación, ante todo, de si se ha cometido o no un delito.

- **INICIA** con el conocimiento de un hecho posiblemente constitutivo de delito o apariencia de delito y concluye cuando el imputado queda a disposición del juez de control para que se le formule imputación.
- **FIN PRIMORDIAL** la búsqueda de la verdad mediante la reconstrucción histórica de los antecedentes para determinar cómo ocurrió el hecho, quién, cuándo y por qué se cometió.
- **PROCESO** metodológico, continuo, organizado, especializado y preciso, de análisis y síntesis que el investigador policial desarrolla.

3. TERMINOLOGIA A UTILIZAR EN LA COFECCION DE DILIGENCIAS.

3.1. INDICIOS. TIPOS.

El Diccionario de la Real Academia Española (DRAE), define el terminó indicio como "una señal que da a conocer lo oculto".

Desde el punto de vista criminalístico, es "todo objeto o material, sin importar que tan grande o pequeño sea, que se encuentre relacionado con un presunto hecho delictivo, y cuyo estudio nos permitirá establecer si existió éste, así como la identidad de la víctima y/o el victimario".

3.1.1. TIPOS.

- **INDICIOS PALPABLES:** Son todas aquellas pistas que el investigador puede descubrir en el lugar de intervención, mediante la observación atenta del lugar.
- **INDICIOS LATENTES**: Son todos los indicios que precisan del uso de instrumental especial de observación para descubrirlos, por ejemplo: las huellas dactilares.
- **DETERMINADOS**: Se analizan a simple vista.
- **INDETERMINADOS**: Requieren un análisis más completo.
- **ASOCIATIVOS**: Relacionados con el hecho.
- **NO ASOCIATIVOS**: Se encuentran en el lugar del hecho, pero no están relacionados con el acto delictivo.

POR SU ESTRUCTURA SE PUEDEN CLASIFICAR EN DIFERENTES TIPOS-

- **FÍSICOS**: Son cosas que tienen un destino de uso especial y son manejables. Ejemplo. - arma de fuego
- **QUÍMICOS**: Todas las sustancias naturales o artificiales. Ejemplo. - cocaína.
- **BIOLÓGICOS**: Aquellos que surgen de tejidos o fluidos humanos o animales. Ejemplo. - sangre

3.2.   LA EVIDENCIA. TIPOS.

La evidencia según la DRAE es la certeza clara, manifiesta y tan perceptible de una cosa, que nadie puede racionalmente dudar de ella. Lo que pauta para considerarla como un elemento de prueba que ayude a normar el criterio del juzgador.

3.2.1.   DE ESTA MANERA SE ENCUENTRAN DOS TIPOS:

- **EVIDENCIAS DETERMINADAS:** son elementos que tienen una relación con el objeto o persona que ocasiona el hecho y se detectan a la mínima inspección ocular o con el uso de lentes de aumento. EJEMPLO claro es un arma en la escena del crimen.
- **EVIDENCIAS INDETERMINADAS**: son aquellas que por su naturaleza requieren de un análisis completo y profundo para conocer su composición. EJEMPLO es una gota de sangre en la escena del crimen o un cabello en las uñas de una víctima.

4.   DIFERENCIA INDICIO O PRUEBA:

El indicio es solamente una señal sospechosa o presunción; la evidencia es la confirmación o la certeza; esto es, que una vez que se estudian los indicios que se encuentran en el espacio físico de investigación forense, puede confirmarse su valor como elemento de prueba y transformarse en evidencia

5.   LA PRUEBA. DIFERENCIAS CON INIDICIO Y EVIDENCIA.

Según, el DRAE la prueba es definida como "Razón, argumento, instrumento u otro medio con que se pretende mostrar y hacer patente la verdad o falsedad de una cosa".

Desde el punto de vista jurídico, "Se denomina prueba a todo conocimiento cierto o probable sobre un hecho, que ingresando al proceso como medio de prueba en una audiencia y desahogada bajo los principios de inmediación y contradicción, sirve al Tribunal de enjuiciamiento como elemento de juicio para llegar a una conclusión cierta sobre los hechos materia de la acusación".

6. DIFERENCIA ENTRE INDICIOS, EVIDENCIAS Y PRUEBAS.

- **EL INDICIO** es un elemento perceptible, material o no, que permite deducir la existencia de determinada circunstancia en un hecho. Son señales que permiten tomar una decisión sobre el camino de investigación para la búsqueda de evidencias.
- **LA EVIDENCIA** es un elemento ya contrastado que permite establecer con claridad y certeza la relación entre objetos o personas vinculadas al hecho que se investiga.
- **LA PRUEBA** es la evidencia aceptada por el Juez o Tribunal que sirve como argumento para alcanzar el nivel de convicción suficiente para llegar a un veredicto.
- **INDICIOS Y EVIDENCIAS PUEDEN SER UTILIZADOS COMO PRUEBAS.** En los primeros se pone el énfasis, de manera más subjetiva, en una línea de investigación. Las segundas determinan la existencia de las circunstancias del hecho por sí mismas.

7. CONCLUSIÓN.

- Indicios, evidencias y pruebas sirven a la investigación de un hecho.
- Forman parte de un momento del proceso y tienen injerencia en el rumbo del mismo.
- Utilizar los tres términos como sinónimos en el ámbito jurídico es un error, aunque sucede con frecuencia.
- Cuando se trata de encontrar la verdad y llegar a una sentencia, es necesario demostrar al Juez o Tribunal la existencia del hecho y sus

responsables. Para esto es que se presentan las pruebas en sus diferentes tipos y deben ser admitidas para su validez.

- Las pruebas surgen de evidencias, elementos contrastados que determinan las circunstancias.
- Las evidencias surgen, por lo general, de una búsqueda a partir de indicios que permiten formular hipótesis. Es fundamental respetar los protocolos de recopilación para no ser descartadas.

8. INSPECCIÓN OCULAR TÉCNICO-POLICIAL.

La inspección ocular técnico-policial es básica en la labor policial, sobre todo, para poder plasmar la labor técnico policial a la hora de la resolución de un posible delito, la pretensión se centra en la detención del presunto autor de los hechos.

En demasiadas ocasiones la primera labor, inspeccionar el lugar donde se ha cometido un delito, queda sin plasmarse en las diligencias policiales y, la autoridad judicial, queda sin indicios, vestigios o pruebas que respalden su resolución.

Sin ánimo de entrar en funciones de equipos científicos, cualquier policía puede levantar un acta de inspección del lugar del delito. Un claro ejemplo es cuando se acude a un supuesto delito de violencia de género, el acta deberá reflejar como se encontraba el lugar en el momento de nuestra llegada, fotografías e incluso la recogida de vestigios e indicios, instrumentos utilizados etc.-

No existe un "ente" que haga las cosas por nosotros, por esos deberemos prestar especial atención.

8.1. LA INSPECCIÓN.

- **DEFINICION**. Conjunto de trabajos realizados en el lugar de los hechos.
- **REALIZADOS** por funcionariado policial.
- **EMPLEANDO** métodos y conocimientos científicos-técnicos.
- **FINALIDAD** valorar y recoger las INDICIOS-VESTIGIOD-pruebas, instrumentos, efectos, huellas,

- **OBJETO**. que permitan el demostrar lo ocurrido, descubrir al autor o autores y demostrar su participación

8.2.   LEY DE ENJUICIAMIENTO CRIMINAL, SE DESPRENDE QUE.

- La Inspección Ocular es obligatoria.
- En su realización se describirán detalladamente el lugar y las circunstancias de lo ocurrido.
- Se detallarán el estado en que se hallen los objetos.
- Se recogerán y conservarán las pruebas (INDICIOS-VESTIGIOS).
- Se confeccionará un plano, croquis o vídeo fotográfico del lugar y de las personas objeto del delito.
- También se aportarán fotografías de los efectos o instrumentos del delito.
- Se levantará Acta de Inspección Ocular.

8.3.   FINES QUE PERSIGUE.

- **COMPROBAR** la existencia del delito.
- **AVERIGUAR** el móvil del mismo.
- **BÚSQUEDA**, revelado y recogida de pruebas.
- **DETERMINAR** las circunstancias concurrentes.
- **IDENTIFICAR** a su autor o autores.
- **DEMOSTRAR** su culpabilidad

8.4.   REQUISITOS DE LA INSPECCIÓN OCULAR TÉCNICO POLICIAL

- **INMEDIATA** deberá realizarse lo antes posibles a fin de que no desaparezcan pruebas e indicios que nos lleven al esclarecimiento de lo ocurrido. Edmund Locard decía que: "el tiempo que pasa es la verdad que huye".
- **PRECISA** debe ser realizada de una forma minuciosa y exhaustiva, sin dejar ningún extremo suelto por insignificante que parezca. Cualquier detalle, cualquier extremo que en principio no parecen tener importancia con posterioridad, pueden ser los que nos

conduzcan a la resolución del caso.

- **DETALLADA** debe realizarse de forma ordenada así mismo, deberá evitarse todo tipo de errores que dificulten la investigación posterior. Se evitará toda hipótesis del hecho con anterioridad a la llegada del investigador. Será el lugar de los hechos, y observando lo que allí ha ocurrido, el punto de partida del investigador para el esclarecimiento de lo ocurrido.

8.5. LAS PRIMERAS ACTUACIONES EN EL LUGAR DE LOS HECHOS

- **DIFERENCIAR** entre personal especializado y personal no especializado.
- **PERSONAL NO ESPECIALIZADO**.
  - ✓ Primero llega al lugar de los hechos
  - ✓ No participa de sus aspectos técnicos
  - ✓ Su actuación es de suma importancia de cara a la protección del lugar de los hechos y de las pruebas indicios relacionado con éstos (armas, huellas, documentos, etc.).
  - ✓ De su actuación dependerá, en buena medida, el resultado de la posterior investigación Debe llevar a cabo una misión protectora

8.6. REGLAS BÁSICAS

- **RAPIDEZ**. Llegar al lugar de los hechos lo más rápidamente posible (las posibilidades de que desaparezcan pruebas será mayor cuanto más tarde se llegue).
- **RECONOCER**- Efectuar un rápido reconocimiento del lugar, al objeto de tomar conciencia de lo ocurrido.
- **AUXILIO**. Si hay víctima, y ésta se encuentra con vida, se procederá a prestarle el auxilio necesario y a su traslado inmediato a un Centro Médico.
- **FALLECIDO**. no se alterará la posición del cadáver, salvo para la comprobación de la muerte o por razones de preservar al propio cadáver. En estos casos se anotará la posición que ocupa el cadáver lo más detalladamente posible y las razones por las que se movió

8.7. PROTEGER EL LUGAR DE LOS HECHOS

- **LUGAR ABIERTO**. suceso ocurrido en lugar abierto (calle, carretera, descampado, etc.) se establecerá, a su alrededor, una barrera policial entre 40 y 60 metros —en ocasiones, las huellas aparecen en lugares más alejados debido al relajamiento del delincuente.

- **LUGAR CERRADO**. Si hubiere acaecido en lugar cerrado (domicilio, oficina, almacén, etc.), deberán vigilarse todas las vías de acceso al mismo (puertas, ventanas, etc.), tanto para evitar la fuga de los autores como para impedir la entrada de curiosos

- **EN AMBOS CASOS.**

✓ **EVITAR** la presencia en el lugar de curiosos y personas ajenas a la investigación, prohibiéndoles el acceso al mismo y desalojando a quienes se encontrasen en él.

✓ **ABSTENERSE** de tocar, manipular o desplazar cualquier objeto que se halle en el lugar, a fin de no destruir o deteriorar las posibles huellas que pueda haber. Así como advertir a los dueños, ocupantes o allegados que se abstengan de realizar dichas manipulaciones o desplazamientos.

✓ **POSICIONAR**. Si fuera imprescindible mover alguno de los citados objetos por razones de seguridad, se comunicará con toda exactitud su posición original y las razones que motivaron su manipulación o traslado, al personal especializado, cuando se persone en el lugar.

✓ **NO PISAR**. Elegir cuidadosamente los lugares que se vayan a pisar o manipular, al objeto de no borrar o alterar posibles indicios, así como para no introducir huellas o pistas falsas.

✓ **PROTEGER**. Se protegerá adecuadamente toda prueba o indicio que corra peligro de resultar destruido, dañado o modificado.

✓ **EJEMPLO**, si llueve o amenaza llover, se protegerán los objetos que pudieran resultar afectados por la lluvia extendiendo sobre ellos un plástico, manta, toalla o similar, pero sin que toque su superficie, a fin de no alterar las huellas u otros indicios que pudieran contener

✓ **POSIBLE DESTRUCCION**. En el caso de que pueda producirse la destrucción inminente de pruebas o indicios, ya sea por incendio, inundación, derrumbamiento u otras causas, y no sea posible esperar a la llegada de los funcionarios especializados, el personal no especializado deberá proceder a su recogida y protección, adoptando cuantas precauciones sean necesarias para evitar su deterioro y se anotará minuciosamente el lugar exacto donde se recogió cada uno de los elementos, y se conservarán separados unos de otros hasta la llegada del personal especializado.

✓ **ROPAS**. No se permitirá que las personas que supuestamente hayan podido intervenir en la comisión de los hechos, se laven o cambien de ropa, al objeto de preservar las posibles pruebas (sangre, esperma, piel, pólvora, etc.) que pudieran haber quedado en sus manos o ropas.

✓ **FILIACIÓN** de cuantas personas hubieren sido testigos de los hechos y se asegurará su presencia en el lugar hasta la llegada de personal especializado.

✓ **PONER EN CONOCIMIENTO** de los especialistas aquellos detalles o circunstancias que hubieren observado a su llegada al lugar de los hechos o durante su estancia en el mismo como puedan ser: humos, olores extraños, apertura de puertas o ventanas, etc., es decir, cualquier detalle que pueda ayudar al esclarecimiento de lo que allí ha ocurrido.

8.9. METODOLOGÍA A SEGUIR EN SU REALIZACIÓN

- **ES EL PERSONAL ESPECIALIZADO** el encargado de realizar la inspección ocular en el lugar de los hechos.

- **DIFERENTES INSPECCIONES OCULARES** se nos pueden presentar dependiendo del lugar donde se haya producido, y del tipo de hecho cometido.

- **DISTINGUIR ENTRE, INSPECCIÓN OCULAR EN:**
✓ -Lugares abiertos.
✓ -Lugares cerrados.
✓ -En delito contra las personas.
✓ -En delitos contra la propiedad

- **METODO / NORMAS-METODOLOGIA**
✓ **METODO**. en toda inspección ocular es ineludible, desde el comienzo, seguir un método determinado y preconcebido que permita estudiar minuciosa y detalladamente el lugar de los hechos.

✓ **NORMAS-METODOLOGIA**. Seguir una serie de normas susceptibles de aplicación a la generalidad de las inspecciones oculares

8.10. NORMAS DE LOS PASOS A SEGUIR

- **INFORMACIÓN PREVIA** en el lugar de trabajo, a través de los comunicados telefónicos, para seleccionar el material necesario.

- **ACUDIR A LA MAYOR BREVEDAD POSIBLE**, el tiempo es uno de los mayores enemigos de la investigación. Tiempo que pasa verdad que huye.

- **INFORMACIÓN EN EL PROPIO LUGAR DE LOS HECHOS**, a través del personal no especializado que custodia el lugar, o bien de testigos, víctimas, etc. Esta información sólo sirve para orientar.

- **RECONOCIMIENTO GENERAL** del lugar de los hechos y sus alrededores, en busca de los indicios más evidentes. Este reconocimiento debe ser sistemático y minucioso.

- **ELABORACIÓN DE LAS PRIMERAS HIPÓTESIS**, a tenor de los indicios encontrados.

- **OBTENCIÓN IMÁGENES (VÍDEO Y FOTOGRÁFICOS)**, con las fotografías de conjunto, conjuntos parciales y detalles de los indicios observados. Este reportaje tiene por objeto la plasmación gráfica del escenario tal como se encontró y antes de proceder a los estudios y alteración del lugar (acotamientos y enumeración).

- **BÚSQUEDA DE LOS INDICIOS NO EVIDENTES**, de acuerdo a las hipótesis elaboradas (huellas lofoscópicas, manchas de sangre, esperma, etc.), mediante la aplicación de los reactivos adecuados a los indicios buscados.

- **BARRIDOS.** Por regla general, la búsqueda de pruebas o vestigios se realiza estableciendo barridos en espiral partiendo siempre desde el centro del suceso a la periferia, aunque como ya dijimos, realmente la forma de búsqueda dependerá del lugar y tipo de delito. Ciertos delitos exigen que la búsqueda sea minuciosa, mirando también en los lugares más insospechados como basura, cisternas del retrete, altillos de los armarios, contenedores de basura cercanos a lugar, terrazas, escalera, etc.

- **ENUMERACIÓN** de los indicios encontrados prestando especial atención sobre el orden, o desorden, sobre muebles y enseres, así como sobre las luces: si están apagadas o encendidas, etc.

- **ACOTAMIENTO** de los mismos, con tizas y colocación de los correspondientes testigos métricos.

- **REPORTAJE** de vídeo y fotografías de conjunto, conjuntos parciales y detalles de la escena y de los indicios una vez enumerados y acotados.

- **LEVANTAMIENTOS** de croquis y planos.
- **DESCRIPCIÓN DETALLADA DE LA ESCENA**, así como de los efectos e indicios encontrados. Importante observar en la víctima señales de lucha o forcejeo, sus uñas, así como el tipo de nudo en los ahorcamientos o la posición de los objetos a su alrededor, etc.
- **EXAMEN** de los efectos personales e indumentaria de los sospechosos.
- **ESTUDIO** "In situ" de los indicios encontrados.
- **RECOGIDA DE LOS EFECTOS E INDICIOS.** Cada efecto o indicio ha de ser recogido por separado, debidamente etiquetado y con las precauciones debidas para no estropear su estudio y análisis
- **ANOTACIÓN** de las manifestaciones de testigos, víctimas, etc.
- **REMISIÓN DE LOS INDICIOS** a los correspondientes laboratorios para la elaboración de los consiguientes informes periciales. En definitiva, lo que debe perseguir una buena una inspección ocular es: NO destruir, no alterar o estropear y SÍ captar y anotar cualquier tipo de detalle que por insignificante que, un principio nos parezca, en la mayoría de los casos son éstos los que nos ayudan a descubrir lo ocurrido en la escena del crimen.
- **RECOGIDA Y REMISIÓN DE MUESTRAS.** "Todo contacto deja su rastro" decía Locard, aunque de la misma forma, pero invirtiendo los términos, podríamos decir "todo rastro viene de un contacto, de una acción". Ahora se trata de que el rastro dejado pueda ser localizado y sirva o tenga la suficiente entidad como para demostrar la existencia del delito, la identidad del autor y su culpabilidad

8.11.   FASE DE RECOGIDA

- Que el sistema de recogida **NO DAÑE**, o altere la naturaleza del indicio, vestigio, o muestra, en cuestión.
- Que el sistema de recogida **NO DESTRUYA** otros indicios existentes en el objeto que se pretende recoger.
- Que el sistema de conservación **NO PRODUZCA DAÑO, O ALTERACIONES**, en la naturaleza del objeto que se quiere conservar.

- **PROCESO DE RECOGIDA Y CONSERVACIÓN** supone la práctica de una serie de operaciones tales como la catalogación de los indicios, vestigios, o muestras, u objetos que los contengan, referenciando de la manera más conveniente cada uno de ellos, además de citar el punto del lugar de los hechos en que fue recogido.

- **LA FINALIDAD** de esta fase del examen del lugar del delito, no es otra que el poder disponer de los indicios hallados, para la realización de investigaciones, o análisis posteriores

8.12. FASE DE REMISIÓN

- **NORMAS ESPECIFICAS**. En cuanto a la remisión de muestras hemos de tener presentes las normas específicas que para cada muestra suelen dar los distintos Servicios de Criminalística.

- **PRECAUCIONES INDIVIDUALES.** No será igual la forma y las precauciones que tendremos que adoptar a la hora de remitir las distintas muestras. Como, por ejemplo: armas blancas, armas de fuego, restos biológicos, documentos, etc.

- **ORGANO DE REMISION O ENTREGA.** - Especificar a quien se entrega (cadena de custodia).

9. CADENA DE CUSTODIA

- **DEFINICION.** La cadena de custodia de evidencias/muestras es el conjunto de medidas que deben adoptarse para asegurar la identidad y permanencia de las muestras objeto de análisis o prueba.

- **CONJUNTO DE MEDIDAS A TOMAR** o a considerar estarían dentro de lo que se puede denominar correcta gestión de muestras, y que tendrá como objetivo el garantizar una adecuada recepción, identificación, almacenamiento y custodia de las evidencias y muestras a analizar, con el fin de que tales manipulaciones no afecten al resultado y se garantice la integridad de las mismas.

- **ACTA.** la obligación de confeccionar un documento anejo al envío de muestras que acredite la observación, en todo momento, de la "Cadena de Custodia", desde la toma de muestras, debiendo quedar en la misma constancia firmada de todas las personas bajo cuya responsabilidad hayan estado las muestras.

10. CLASES DE HUELLAS LOFOSCÓPICAS.

Saber distinguir la clase de huellas no quiere decir que tengamos que extraer las mismas, dicha función quedará relegada a las unidades especializadas, pero el saber puede llevarnos a encontrar indicios de la existencia de las mismas y que estas no desaparezcan o se destruyan.

- **POR LA ZONA CORPORAL QUE LAS PRODUCEN:**
  - ✓ **DACTILARES**, producidas por las crestas papilares que se encuentran en las yemas de los dedos.
  - ✓ **PALMARES**, originadas por las crestas papilares de las palmas de las manos.
  - ✓ **PLANTARES**, generadas por las crestas papilares que se hallan en las plantas de los pies.
- **POR LA SUSTANCIA QUE INTERVIENE EN SU PRODUCCIÓN:**
  - ✓ **INVISIBLES O LATENTES**, originadas por el sudor y la materia sebácea de la piel (excreciones cutáneas). Se hacen visibles mediante la aplicación de reactivos reveladores.
  - ✓ **VISIBLES**, producidas por sustancias ajenas a las excreciones cutáneas, como sangre, pintura, polvo, etc., son perceptibles a simple vista.

11. HUELLAS VISIBLES SE SUBCLASIFICAN EN

- **ESTAMPADAS O POR ADICIÓN**, se forman cuando sustancias como sangre, pintura, tinta, etc., se adhieren a las restas papilares y éstas se posan posteriormente sobre una superficie apta, quedando reproducido en ella el dibujo correspondiente.
- **POR SUSTRACCIÓN**, se originan cuando las crestas papilares entran en contacto con una superficie recién pintada o cubierta de grasa, sangre, polvo, etc., que, al retirarlas, el dibujo papilar queda reproducido sobre dicha superficie.
- **MOLDEADAS O POR PRESIÓN**, se producen al presionar las crestas papilares sobre sustancias blandas o reblandecidas por calor (plastilina, cera, escayola, etc.).

12. LA LEY DE PROTECCIÓN DE DATOS EN

INVESTIGACIONES PENALES.

La norma que regula la de protección de datos en investigaciones penales, es la Ley Orgánica 7/2021, de 26 de mayo de protección de datos personales tratados para fines de prevención, detección, investigación y enjuiciamiento de infracciones penales y de ejecución de sanciones penales.

Por medio de esta ley Orgánica se busca llevar a cabo la trasposición de La Directiva (UE) 2016/680 del Parlamento Europeo y del Consejo, de 27 de abril de 2016, por la que se regula la protección de datos personales tratados en el marco de la cooperación policial y judicial en materia penal.

12.1.   OBJETIVO.

Establecer las normas relativas a la protección de las personas físicas respecto del tratamiento de sus datos personales por parte de las autoridades competentes buscando así las prevenciones, detecciones, investigaciones y enjuiciamientos de infracciones penales.

Busca lograr un elevado nivel de protección de los datos de la ciudadanía, sus datos personales, haciendo que esto resulte homologable al resto de los Estados Miembros de la UE. Se limitará el uso de la informática para que los derechos al honor e intimidad personal y familiar estén garantizados. Esta transposición conlleva una mayor eficacia en el desempeño de sus funciones por las Fuerzas y Cuerpos de Seguridad y del sistema judicial penal español.

12.2.   SOLICITUD Y RECOGIDA DE IMÁGES (PUBLICAS Y PARTICULARES). DEBER DE COLABORACIÓN Y RESULTADO

- **SE PROPORCIONARÁN** a las autoridades judiciales, al Ministerio Fiscal o a la Policía Judicial los datos, informes, antecedentes y justificantes que les soliciten y que sean necesarios para la investigación y enjuiciamiento de infracciones penales.
- **NO SE INFORMARÁ AL INTERESADO** de dichas transmisiones.
- **SI SE DESCUBRIERA LA COMISIÓN DE UN DELITO,** como resultado de estas grabaciones, se incorporará el

correspondiente soporte magnético al atestado y se remitirá al juez de guardia en el plazo de setenta y dos horas contadas desde el momento de la grabación (art. 7), en cuyo caso servirá para fundar o robustecer la notitia criminis.

- **PLAZOS DE CONSERVACIÓN Y REVISIÓN**
- ✓ **DATOS CONSERVADOS** durante el tiempo necesario para cumplir los fines previstos.
- ✓ El responsable deberá revisar la **NECESIDAD DE CONSERVACIÓN**, limitación o supresión, con plazo máximo de tres años.
- ✓ **EXCEPCIÓN**: Plazo máximo de supresión será de 20 años, salvo que existan investigaciones abiertas o delitos que no hayan prescrito.
- ✓ **ES DUDOSO** que las cintas de vídeo, DVD o soportes electrónicos, que indudablemente constituyen actos de investigación de la policía judicial encuadrables dentro de las actividades policiales de prevención, constituyan supuestos de prueba preconstituida, dada su falta de regulación en la LeCrim, por lo que su incorporación al atestado no exonerará, en principio, a la policía de tener que declarar como testigo sobre el contenido y procedimiento de elaboración de la imagen.
- ✓ **CONSTITUYEN UN DOCUMENTO PÚBLICO OFICIAL**, al formar parte del atestado, sobre el que existe la posibilidad de examen de oficio (art. 726).

12.3. OBSERVACIONES

- ✓ **JURISPRUDENCIA** del TS ha otorgado naturaleza de prueba preconstituida a tales cintas o soportes magnéticos, grabadas de oficio por la propia policía o incluso por establecimientos privados (así, las grabaciones en oficinas bancarias o comerciales), siempre y cuando la grabación se efectúe en las vías o espacios públicos.
- ✓ **DEBIENDO REQUERIR LA AUTORIZACIÓN JUDICIAL**, cuando se trate de captación clandestina de imágenes o sonidos en domicilios o lugares privados.
- ✓ **HECHOS QUE PUDIESEN SER CONSTITUTIVOS DE INFRACCIÓN PENAL**, las Fuerzas y Cuerpos de Seguridad pondrán estas imágenes a disposición judicial a la mayor brevedad posible y, en todo caso, en el plazo máximo de setenta y dos horas

desde su grabación.

✓ **POSIBLES INFRACCIONES ADMINISTRATIVAS** se remitirán al órgano competente para el inicio del oportuno procedimiento sancionador. Estas deberán ser destruidas en el plazo máximo de tres meses desde su captación, como norma general.

13. VIDEOVIGILANCIA POR CUERPOS Y FUERZAS DE SEGURIDAD

- **SE PERMITIRÁ LA GRABACIÓN** de imágenes y sonido por las fuerzas y Cuerpos de Seguridad siempre que se cumpla un principio de proporcionalidad.

- **SISTEMAS FIJOS**: en las vías o lugares públicos donde se instalen videocámaras fijas. Se llevará a cabo un análisis de riesgos relativo al tratamiento que se pretenda realizar.

- **DISPOSITIVOS MÓVILES**: Su uso deberá estar autorizado por la persona titular de la Delegación o Subdelegación del Gobierno. Las autorizaciones deberán ser por tiempo determinado.

- **TRATAMIENTO Y CONSERVACIÓN DE IMÁGENES:** Si se grabasen hechos que pudiesen ser constitutivos de infracción penal, las Fuerzas y Cuerpos de Seguridad pondrán estas imágenes a disposición judicial a la mayor brevedad posible y, en todo caso, **EN EL PLAZO MÁXIMO DE SETENTA Y DOS HORAS DESDE SU GRABACIÓN**. Si se tratase de posibles infracciones administrativas se remitirán al órgano competente para el inicio del oportuno procedimiento sancionador. Estas deberán ser destruidas en el plazo máximo de tres meses desde su captación, como norma general.

8

CONCEPTOS CRIMINALISTICOS BÁSICOS PARA LA REDACCIÓN DE DILIGENCIAS. TIPO DE LESIONES (ARMA).

1. OBJETO CONOCIMIENTO

A la hora de confeccionar unas diligencias es importante saber una serie de conceptos que, debidamente, deben quedar reflejados en el atestado, por ello procede:

- **SABER VER**. Saber utilizar las palabras, su uso y terminología (que vemos y como lo plasmamos).

- **ESCENA**. El análisis meticuloso de la escena con una inspección ocular sistemática configura la base de toda investigación. Cuando nos enfrentamos por primera vez a una situación real, debemos actuar conforme a las leyes del sentido común, la aplicación escrupulosa de las ciencias forenses y la confianza en nuestro espíritu investigador.

- **PARA EL PROFESIONAL NOVEL** es importante grabar en la retina la configuración de las diferentes morfologías de las lesiones encontradas, ya que con la experiencia se va aprendiendo a establecer una serie de patrones muy útiles al abordar un nuevo caso

2. TIPOLOGÍA DE LAS HERIDAS POR ARMA DE FUEGO (ARMA CARGA SIMPLE)

2.1. DISPARO A BOCAJARRO O CAÑÓN TOCANTE

Se deberá prestar especial atención:

- **CONTACTO**. Producido con el arma directamente tocando el cuerpo.

- **ORIFICIO**. Orificio de entrada es estrellado (boca de mina o de Hofmann), con los bordes desgarrados, irregulares y ennegrecidos en su cara interna por la pólvora quemada incrustada.

- **SIGNOS**. Podemos encontrar el "signo de Benassi", que consiste en cuando un anillo de ahumamiento concéntrico al orificio de entrada en la tabla externa del hueso craneal y despegamiento de los tejidos blandos

2.2.   DISPARO A QUEMARROPA

Se deberá prestar especial atención:

- **DISTANCIA**. disparo realizado como máximo a 30 cm del cuerpo.
- **SIGNOS**.
  - ✓ Apreciamos el collarete erosivo y la quemadura por la llama.
  - ✓ La piel aparece apergaminada, oscura o amarillenta.
  - ✓ Encontramos el tatuaje con granos de pólvora incrustados y partículas metálicas.

2.3.   DISPARO A CORTA DISTANCIA.

Se deberá prestar especial atención:

- **DISTANCIA**. Entre 30 y 70 cm, no más de un metro.
- **SIGNOS**.
- ✓ Aparece ahumamiento hasta los 35 cm.
- ✓ Cuenta con el anillo de Fish, sin quemadura, los granos de pólvora producen un repiqueteado hemorrágico disperso.
- ✓ El tatuaje es indeleble

2.4.   DISPARO A LARGA DISTANCIA

Se deberá prestar especial atención:

- Existe la cintilla erosiva-contusiva y no se forma el tatuaje indeleble.
- Las partículas del disparo no alcanzan el cuerpo

3.   HERIDAS POR ARMA BLANCA.

En cuanto a las heridas de arma o por arma blanca, debemos saber:

- **LOS ELEMENTOS BÁSICOS DE LAS ARMAS BLANCAS,** la punta y el filo. nos permiten clasificar tanto estas armas como las lesiones producidas por ella.
- **ARMAS PUNZANTES,** carentes de filo, actúan transmitiendo

la energía mediante la presión ejercida sobre la punta.

- **HERIDA INCISO-PUNZANTE O CORTO-PUNZANTE** Cuando la acción se ejerce mediante presión de la punta y deslizamiento del filo.
- **HERIDA INCISA O CORTANTE** Cuando la acción es únicamente por el filo mediante deslizamiento, estamos ante una.
- **HERIDA INCISO-CONTUSA O CORTO-CONTUNDENTE**. Cuando la acción es ejercida únicamente por el filo mediante presión, generalmente en objetos de un peso importante, como podría ser un hacha o una cuchilla de carnicero

3.1.   HERIDAS PUNZANTES O PENETRANTES

Destacaremos de este tipo de heridas:

- **LA PERCUSIÓN PUNTIFORME,** es la característica de los instrumentos punzantes y perforantes,
- **CARECEN DE FILO**, y provocan heridas denominadas punzantes o penetrantes.
- **PROVOCADAS** por instrumento más o menos largo, delgado, cilíndrico o redondo y con punta (ej.: picahielos, agujas, alfileres, punzones, puntas, buriles, leznas… de perfil redondeado y otros como florete, espada, lanza… de perfil con aristas) cuya profundidad es mayor que la longitud de la herida en la piel y a veces más profundo incluso que la longitud de la hoja debido al "fenómeno del acordeón" que se produce por el hundimiento de los tejidos por el impacto o compresión (Montiel Sosa, 1985).
- **EN EL ORIFICIO DE ENTRADA** también se encuentra la llamada "orla de enjugamiento", que se compone de la suciedad o herrumbre que deja el instrumento al entrar.
- **EL ORIFICIO DE SALIDA** no siempre existe y en caso de existir será más pequeño y más irregular, pues la piel al perforarse de dentro afuera da lugar a un estallido, con lo que se producen fisuras y roturas atípicas (Gisbert Calabuig, 2004), con bordes revertidos (excepto si se ha retirado el arma).

3.2.   HERIDAS INCISAS O CORTANTES

Destacaremos de este tipo de heridas:

- **LAS PROVOCAN INSTRUMENTOS**, que tienen una acción puramente cortante que lesiona seccionando y formando bordes limpios en piel y planos subyacentes por presión o por deslizamiento.

- **DESTACAR** cuchillos, navajas, pero también sierras (bordes deshilachados), bisturíes, palas, hachas o instrumentos accidentales como vidrio (botellas rotas).

- **LOS INSTRUMENTOS CORTANTES** actúan por el filo que penetra en los tejidos en forma de cuña y producen lesiones simples, largas, generalmente rectilíneas, poco profundas –terminadas en cola de ratón- y bordes generalmente regulares.

- **LA ACCIÓN DEL INSTRUMENTO** puede llevarse a cabo por simple presión o por presión y deslizamiento, siendo en este caso las lesiones más graves.

- **A DIFERENCIA DE LAS HERIDAS CONTUSAS NO EXISTEN PUENTES DE UNIÓN ENTRE SUS PAREDES.** No son en general letales (salvo determinadas zonas como el cuello) Gisbert (2004) los clasifica en heridas lineales, heridas en colgajo heridas mutilantes y heridas incisas atípicas.

3.2.1. CLASIFICACION SEGÚN SU MORFOLOGÍA.

Gisbert clasifica este tipo de lesiones según su morfología, en:

- **HERIDAS LINEALES,** el arma blanca incide perpendicular a la piel, la herida tiene bordes regulares y limpios y presenta colas (en algunos casos se diferencia entre la de ataque y la terminal).

- **HERIDAS EN COLGAJO,** el instrumento cortante penetra oblicuamente creando en uno de los bordes un colgajo libre.

- **HERIDAS MUTILANTES,** cuando se ataca una región saliente del organismo (oreja, nariz, pezón…) dando lugar a una separación completa del mismo.

3.3. HERIDAS INCISO-CONTUNDENTES

De este tipo d heridas hay que destacar:

- **LAS HERIDAS INCISO-CONTUNDENTES O CORTO-CONTUNDENTES.**
- **SON PRODUCIDAS POR EL FILO DE OBJETOS GENERALMENTE PESADOS** que actúan no por deslizamiento, sino golpeando sobre la piel y actuando sobre ella y los tejidos subyacentes.
- **EL MECANISMO DE PRODUCCIÓN** suma la acción cortante y la contusiva por presión, predominando uno de ellos en función del tipo de instrumento.
- **LO QUE DISTINGUE ESTAS LESIONES DEL RESTO** de las heridas por arma blanca es la presencia de puentes de unión en las mismas.
- **EJEMPLOS** de armas que las producen serían hachas, cuchillas de carnicero o machetes.
- Estas lesiones estén producidas por **ARMAS POCO AFILADAS**.
- **PRESENTAN BORDES** irregulares y contundidos sin puentes tisulares en el fondo.
- **APARECEN LESIONES ÓSEAS** con fracturas o astillamientos, pudiendo llegar a producir amputaciones.
- **EN EL CASO DE EMPLEAR UN INSTRUMENTO AFILADO**, pueden parecer heridas cortantes, pero más profundas, sin colas y con rasgos contusivos

4. **HERIDAS INCISO-PUNZANATES O CORTO-PUNZANTES**

De este tipo de heridas cabe destacar:

- **SE ORIGINAN POR ARMAS** como cuchillos, navajas, tijeras… con uno o más filos y punta por lo que podremos observar las características de ambos tipos de lesiones.
- **ESTAS HERIDAS SON LAS QUE PRESENTAN MAYOR VARIACIÓN**, no solo por la variedad de instrumentos que acabamos de mencionar, sino también por la zona afectada, por la posición en que penetre el arma y porque una misma arma puede presentar una sección diferente a la largo de su longitud y, por lo tanto, producir un aspecto diferente en la lesión cutánea en función

de la profundidad a la que penetre la hoja.

- **LOS EXTREMOS DEL ORIFICIO DE ENTRADA** nos van a indicar el número de filos del arma:

- **MONOCORTANTE**: en forma de ojal con un extremo agudo y otro redondeado.

- **BICORTANTE**: forma de ojal con dos extremos agudos.

- **PLURICORTANTE**: forma estrellada con mismo número de bordes que filos tenga el instrumento.

9
LA MUERTE. CONCEPTOS IMPORTANTES EN LA REDACCION DEL ATESTADO.

1. DEFINICIÓN. LA MUERTE COMO PROCESO.

Lejos de la antigua definición de la muerte como hecho puntual, hoy se concibe como un PROCESO, paulatino y de desarrollo particular en cada caso, que se prolonga hasta el cese completo de toda actividad biológica.

2. ETAPAS DE LA MUERTE.

CONSTANCIA DE SIGNOS DE MUERTE. Gisbert Calabuig (2010) definió cuatro etapas en este proceso.

- **MUERTE APARENTE**: abolición aparente de las funciones vitales.

- **MUERTE RELATIVA**: suspensión efectiva y duradera de las funciones nerviosa, respiratoria y circulatoria. En esta etapa, podría ser recuperable la vida mediante maniobras de reanimación (en algunos casos).

- **MUERTE INTERMEDIA**: fin paulatino de las actividades biológicas. En esta fase es imposible la recuperación integral de la vida.

- **MUERTE ABSOLUTA**: cese de toda actividad biológica.

Según la **DURACIÓN DE LA AGONÍA** (Delgado Bueno, 2011) se establece:

- **MUERTE SÚBITA**: aparece de forma inmediata, desde minutos a 24 horas desde el inicio de la enfermedad, es inesperada e imprevista.

- **MUERTE INESPERADA**: es aquella que ocurre en una persona con una enfermedad en la que no se esperaba el fallecimiento inmediato.

- **MUERTE RÁPIDA**: ocurre cuando el proceso patológico que lleva a la misma es de corta duración.

Aso, Corrons y Cobo (1998) la clasifican así:

- **MUERTE BIOLÓGICA**: extinción de todas las funciones biológicas del sujeto. Ocurre con la muerte de todas las células del organismo, horas o días después de la parada cardiorrespiratoria.

- **MUERTE CLÍNICA**: cuando se cumplen los criterios médicos que establecen el diagnóstico de muerte. Cese de la función cardiocirculatoria o muerte cerebral.

- **MUERTE LEGAL**: se cumplen los requisitos del derecho de cada país para determinar la muerte de una persona.

Esta última definición es la que más se ajusta a nuestra función policial.

3. CLASIFICACIÓN MÉDICO-LEGAL DE LA MUERTE. MUERTE NATURAL Y MUERTE VIOLENTA.

La importancia de esta clasificación en el ámbito policial viene determinada por lo dispuesto en el artículo 343 de la LeCrim: "en los sumarios a que se refiere el artículo 340 (muertes violentas o sospechosas de criminalidad), aun cuando por la inspección exterior pueda presumirse la causa de la muerte, se procederá a la autopsia del cadáver por los Médicos forenses, o en su caso por los que el Juez designe, los cuales, después de describir exactamente dicha operación, informarán sobre el origen del fallecimiento y sus circunstancias".

3.1. TIPOS DE MUERTE. CERTIFICACION DE MUERTE.
3.1.1. TIPOS DE MUERTE.

ETIOLOGIA DE LA MUERTE (SEGÚN EL ORIGEN). Como policía judicial nos interesa, saber diferenciar los tipos de muerte.

- **NATURAL.** La muerte natural de forma sencilla puede ser entendida como el resultado final de la evolución de un proceso patológico, tanto exógeno como endógeno.

- **LA MUERTE VIOLENTA** responde siempre a la existencia de un factor exógeno, que desencadena el fallecimiento del individuo, y que en función de si éste ha ocurrido de forma inesperada o bien con la participación voluntaria del propio fallecido o una tercera persona, se clasifica asimismo como accidental, suicida u homicida.
  - ✓ **MUERTE ACCIDENTAL:** Se entiende por muerte accidental aquella producida por la acción imprevista, fortuita y/u ocasional, de una fuerza externa que obra súbitamente sobre la persona del FINADO, independientemente de su voluntad y que pueda ser determinada por los médicos de una manera cierta.
  - ✓ **MUERTE SUICIDA:** Es el acto por el que una persona se

provoca la muerte de forma intencionada.

✓ **MUERTE HOMICIDA**: El homicidio es la acción de causar la muerte de otra persona. Jurídicamente, es un delito que consiste en matar a alguien, por acción u omisión, con intención o sin intención, sin que concurran las circunstancias de alevosía, precio o ensañamiento, propias del asesinato.

- **LA MUERTE SOSPECHOSA DE CRIMINALIDAD** define a aquel caso donde, debido al fallecimiento repentino de una persona en principio sana y/o debido a las circunstancias que rodean en las que ha ocurrido el deceso, no es posible emitir un diagnóstico preciso de la causa de la muerte. Muchos de estos casos son luego diagnosticados como muertes naturales, pero ante la falta de un diagnóstico concreto es preceptiva la práctica de la autopsia.

NOTA. Por tanto, recuerda, aunque estos conceptos serán tenidos en cuenta, de forma más amplia, en los casos de muerte violenta o sospechosa de criminalidad (no así en las muertes naturales) cuando no podrá ser expedido el parte de defunción y será necesaria la práctica de la autopsia judicial por tanto, la actuación de la policía judicial y posterior levantamiento.

3.2.   CERTIFICACION DE LA MUERTE.

La certificación de muerte, viene regulada en el art. 3.8 Real Decreto 1723/2012, de 28 de diciembre.

Por tanto, **DESTACAR**:

4. **ACTO MÉDICO** en virtud del cual se deja constancia escrita del diagnóstico de la muerte de un individuo, bien sea por criterios neurológicos (muerte encefálica) o por criterios circulatorios y respiratorios.

5. **NO SUSTITUYE.** Esta constancia escrita no sustituye la posterior y preceptiva cumplimentación del certificado médico de la defunción, establecida en la Ley del Registro Civil, donde se regula la inscripción de la defunción mediante la remisión del documento oficial, acompañado de parte médico, por los centros sanitarios, ya que para proceder a la inhumación o incineración es requisito previo la inscripción de fallecimiento.

6. **LO EXTIENDE:** El Certificado Médico de Defunción deberá ser cumplimentado por el médico que haya asistido al difunto en su

fallecimiento o que haya reconocido el cadáver. Estará especialmente indicado este proceder cuando las circunstancias no aconsejen la demora en la certificación (fines de semana, horarios nocturnos, etc).

Si la situación lo aconsejara se podrá delegar la cumplimentación del Certificado Médico de Defunción del fallecido en su médico de familia, cuando éste se encuentre disponible en un tiempo razonable para no demorar el proceso funerario.

NOTA. En todas las muertes naturales se deberá cumplimentar el Certificado Médico de Defunción.

4. CADAVER. TIPOS Y FASES.

Como policía judicial, en nuestro trabajo diario, debemos tener claro conceptos que, fácilmente, suelen ser confundidos. La legislación define diversos términos relacionados con esta materia que debes conocer:

- **CADÁVER**: todo cuerpo humano durante los cinco primeros años siguientes a la muerte real. Esta se computará desde la fecha y hora que figure en la inscripción de defunción en el Registro Civil.
- **RESTOS CADAVÉRICOS**: todo lo que queda del cuerpo humano terminados los fenómenos de destrucción de la materia orgánica, una vez transcurridos los cinco años siguientes a la muerte real.
- **RESTOS HUMANOS:** partes del cuerpo humano de entidad suficiente procedentes de abortos, mutilaciones, operaciones quirúrgicas o autopsias.
- **PUTREFACCIÓN**: proceso que conduce a la desaparición de la materia orgánica por medio del ataque del cadáver por microorganismos y la fauna complementaria auxiliar.
- **INCINERACIÓN O CREMACIÓN**: reducción a cenizas del cadáver, restos cadavéricos o restos humanos por medio del calor.
- **TANATORIO**: establecimiento funerario habilitado como lugar de etapa del cadáver, entre el lugar del fallecimiento y el de inhumación o cremación, debidamente acondicionado y dispuesto para la exposición y velatorio de cadáveres.
- **CREMATORIO**: establecimiento funerario habilitado para la incineración de cadáveres y restos humanos o cadavéricos.
- **TANATOPRAXIA**: toda práctica mortuoria que permite la conservación y exposición del cadáver con las debidas garantías sanitarias.
- **CONSERVACIÓN TEMPORAL O TRANSITORIA**: métodos tanatopráxicos que retrasan el proceso de putrefacción.

- **EMBALSAMAMIENTO**: métodos tanatopráxicos que impiden la aparición de los fenómenos de putrefacción.
- **RESTAURACIÓN COSMETOLÓGICA**: métodos tanatopráxicos que mejoran el aspecto externo del cadáver.

5. **LEVANTAMIENTO DEL CADAVER.**

Cuando el médico que confirma un fallecimiento determina que se trata de una muerte no natural, indefectiblemente deberá cumplimentar un PARTE MÉDICO DE COMUNICACIÓN DE DEFUNCIÓN AL JUZGADO DE GUARDIA. En estos casos NO cumplimentará el Certificado Médico de Defunción.

Como hemos visto, el levantamiento del cadáver, se realizará en muertes sospechosas de criminalidad. Dicho levantamiento determinará, la etiología de la muerte.

5.2. ACTO DE LEVANTAMIENTO.

- **POR EL JUEZ** de instrucción, en funciones de guardia.
- **POR EL MEDICO FORENSE. LECRIM 778.6.** El juez podrá autorizar al médico forense que asista en su lugar al levantamiento del cadáver, adjuntándose en este caso a las actuaciones un informe que incorporará una descripción detallada de su estado, identidad y circunstancias, especialmente todas aquellas que tuviesen relación con el hecho punible.

5.3. PROCEDIMIENTO.

Se deberá diligenciar todos estos pasos, mediante acta levantada al efecto.

- **PERSONACIÓN**: Personación en el lugar y, por los facultativos médicos, verificar que la persona está en MUERTE ABSOLUTA. Quien determina la MUERTE es el médico, no la policía que acude al lugar.
- **PARTE MEDICO (MUERTE VIOLENTA O SOSPECHOSA DE CRIMINALIDAD)**: Se evitará movilizar el cadáver y entorno más allá de lo necesario para la asistencia (por ejemplo, para desarrollar una reanimación cardiopulmonar).
- **AVISO A QUIEN DEBA PROCEDER**: Se da aviso a la unidad policial que deba actuar.

- **PROTEGER**: Cuerpo y la escena y lugar de los hechos.

- **ASEGURAR**: Que no se altere las piezas, cuerpo y lugar de los hechos. Perimetrar con un cordón de seguridad y vigilancia y registro escrito de las personas que han estado, que permanecen y acceden.

- **SOCORRER O AUXILIAR**: En la diligencia de levantamiento de cadáver cuando el cuerpo policial actuante comunica al juez de guardia el hallazgo del cadáver puede ocurrir que el juez, a la vista de los indicios de criminalidad, acuerde que se constituya la comisión judicial al levantamiento acudiendo entonces el Juez, el Secretario Judicial y el Médico forense a la práctica de dicho levantamiento, o bien puede el juez acordar que , no apreciándose a priori tales indicios de criminalidad, delegue la actuación en el Médico forense siendo entonces éste quien realiza tal levantamiento, ello sin perjuicio de que si una vez constituido en el lugar del fallecimiento aprecia el Médico forense la existencia indicios racionales de criminlalidad, lo ponga en conocimiento del Juez de guardia para que éste pueda decidir lo oportuno a este respecto.

BIBLIOGRAFÍA:

- ✓ Jordán Montañés, M (1979). Manual de la policía municipal. Instituto Nacional de la Administración Pública / 978-84-7088-234-0.

- ✓ Guardia Civil, "Los Medios de Identificación Judicial", Servicio de Policía Judicial, Gabinete Central de Investigación y Criminalística, Imprenta Escuela de Huérfanos de la Guardia Civil, 1986.

- ✓ Armenta Aeu, T.; Sala Donado, C., La policía judicial, Generalitat de Catalunya, Departament de Justícia, Departament d'Estudis Jurídics i Formació Especialitzada, 1996.

- ✓ Anadón Jiménez, M. A., La recogida de pruebas en relación al proceso penal por la policía judicial, Diario La Ley, 1999.

- ✓ Alvarez Rodríguez, J R (2013). Edición: 3ª, 2013 Editorial: TECNOS

- ✓ Cassany, D. (2004). "Análisis de argumentaciones orales en talleres de escritura profesional" en E.N. Arnoux, & M.M. García Negroni, Homenaje a Oswald Ducrot, Buenos Aires: Eudeba.

- ✓ Figueras, C. (2001). "Modalidad y género discursivo: la diligencia policial como tipo de texto específico" en M. Gotti & M. Dossena (eds.). Modality in Specialized Texts (Selected Papers of the 1st CERLIS Conference). Bern: Peter Lang, 261-287.

- ✓ Montero, S. & J. Morales. (2000). "Acercamiento al español jurídico a través del atestado", Actas del I Congreso Internacional de Español para Fines Específicos.

- ✓ Marchal Escalona, A.N. (1999). El atestado: inicio del proceso penal. Aranjuez: Academia de la Guardia Civil. Martín, F. & Álvarez, J.R. (2003). Metodología del atestado policial. Madrid: Tecnos.

- ✓ Alvarez Rodriguez, J.R Edición: 3ª, 2013 Editorial: Tecnos.

- ✓ Charaudeau, P. (2004). "La problemática de los géneros. De la situación a la construcción textual." Signos 37, 56: 23-39.

- ✓ Academia Jurispol (2022). Manual curso Policía Judicial.

- ✓ Fernández Nieto, J (2018). Revista Electrónica de Estudios Penales y de la Seguridad.

- ✓ Cómo citar

- ✓ Navarro Mozo, M. N. (2023). Procedimiento Penal: Medidas Cautelares y su aplicación práctica. Anuario Jurídico Y Económico Escurialense, (56). https://doi.org/10.54571/ajee.537

ACERCA DEL AUTOR

Manuel Ocaña Alemany, Intendente jefe de la Policía Local de Paiporta e Inspector en excedencia de la Policía Local de Montserrat.

Con 30 años de ejercicio profesional.

Profesor colaborador del Instituto Valenciano de Seguridad Pública y Emergencias, de la Generalitat Valenciana.